中国社会科学院创新工程学术出版资助项目

菲尼斯自然法理论研究

田夫　著

方志出版社
Publishing House of Local Records

图书在版编目(CIP)数据

菲尼斯自然法理论研究/田夫著 . —北京:方志出版社,2015. 4

ISBN 978 – 7 – 5144 – 1607 – 7

Ⅰ. ①菲… Ⅱ. ①田… Ⅲ. ①自然法学派—理论研究
Ⅳ. ①D909. 1

中国版本图书馆 CIP 数据核字(2015)第 083073 号

菲尼斯自然法理论研究

著　　者:田　夫
责任编辑:陈　菁　顾　洁

出 版 人:冀祥德
出 版 者:方志出版社
地址　北京市朝阳区潘家园东里 9 号（国家方志馆 4 层）
邮编　100021
网址　http://www. fzph. org
发　　行:方志出版社发行中心
电话　(010) 67110500
经　　销:各地新华书店
排　　版:北京宝蕾元科技发展有限责任公司
印　　刷:北京京都六环印刷厂

开　　本:700 × 1000　1/16
印　　张:10. 75
字　　数:186 千字
版　　次:2015 年 4 月第 1 版　2015 年 4 月第 1 次印刷

ISBN 978 – 7 – 5144 – 1607 – 7　定价:22. 00 元

目　录

导　论

当前的中国社会正处于由前现代社会向现代社会的转型期，这种转型既包括政治、经济、文化宏观层面的转型，也包括政治、经济、文化中观与微观层面的转型。正是在中国学术既立足中国又面向世界的意义上，徐显明教授等人将当代中国的法理学称之为“转型法理学”，并指出：“当下法理学必须在社会转型与知识供求的夹缝中寻找属于自己的道路。全球视野、中国意识和人本关怀是转型法理学的三维面向。毫无疑问，我们必须以全球眼光促进法理学的发展，胸怀世界，博观约取。”① 正是基于对上述主张的认同，我选取了当代新古典自然法理论的代表人物菲尼斯的自然法理论作为博士论文的主题，对此的进一步说明，需要在大致梳理自然法与法实证主义的基本脉络下展开。

一、自然法与法实证主义之对立视野下的菲尼斯

考夫曼认为：“法哲学史在大的路径下，与自然法史是一致的。”② 根据他的归纳，古代、中世纪和近代这三大时期的自然法存在以下三点基本共性：“1. 自然法是不变的和普适的，适于一切时间和一切人；2. 借助理性，自然法是可认识的；3. 自然法不仅是实证法的标准，而且当实证法与它相悖时（曾有‘法律的不公正之思想’），取而代之。”③ 由此可

---

① 徐显明、齐延平：《转型期中国法理学的多维面向——以2007年发表的部分成果为分析对象》，《中国法学》2008年第2期。

② ［德］阿图尔·考夫曼、温弗里德·哈斯默尔主编：《当代法哲学和法律理论导论》，郑永流译，法律出版社2002年版，第53页。

③ ［德］阿图尔·考夫曼、温弗里德·哈斯默尔主编：《当代法哲学和法律理论导论》，郑永流译，法律出版社2002年版，第56页。

见，在上述三大时期的自然法理论中，自然法相对于实在法而言始终处于优先性地位，这种地位并不是表现为在具体的法律实践中的自然法优先性适用，而是表现为在整体法律秩序的意义上自然法为实在法提供了基础。进一步地，在实在法与自然法相违背时，自然法可以取而代之。

自然法传统在19世纪遭到了新兴英美法理学传统的巨大挑战。1832年，奥斯丁出版了《法理学的范围》一书，该书使法学这一学科从普通哲学中独立了出来，并由此开启了法实证主义传统。① 奥斯丁在这本书中所要从事的一个主要工作，就是要论证法与道德之间必然分离这一被称之为“实证主义的基础命题”的分离命题。学者认为：“分离命题的出现，改变了自然法理论一统天下的局面，使得实证主义登上了法学的舞台，并且在其后的时间里成为这个舞台当之无愧的主角。”② 自奥斯丁以降，法实证主义经由凯尔森、哈特、拉兹、科尔曼等人的发展，在英美法学界居于绝对主流地位。

20世纪中叶，以哈特为代表的分析法学的现代传统决定性地推进了自然法与法实证主义之争，并使后者在与前者的较量中具有压倒性优势。在这样一种背景下，身为哈特的学生，菲尼斯一方面强调自己对古典自然法传统的追随，一方面又宣称自己植根于分析法学的现代传统，可谓在分析法学的现代传统中标新立异，殊直关注。在法实证主义居于强势的背景下，他坚定地捍卫着古典自然法传统，并为新古典自然法理论的创立做出了重要贡献，最终论证了法律与道德存在必然联系这一命题，在分析法学的现代传统中自成一家，不可忽视。

二、自然法理论史中的菲尼斯

上文扼要说明了自然法与法实证主义的基本对立，并突出了新古典自然法理论的独特地位。接下来需要说明的便是新古典自然法理论在自然法理论史中的基本坐标，事实上，这就涉及古典自然法传统、现代自然法传统、新古典自然法理论这几个概念的含义及相互关系等问题，进而涉及菲

① 关于围绕奥斯丁这本书书名中“jurisrudence”一词译法展开的相关讨论，参见［英］约翰·奥斯丁：《法理学的范围》，刘星译，中国法制出版社2002年版；陈景辉：《法律的界限：实证主义命题群之展开》，中国政法大学出版社2007年版，第34—35页。

② 陈景辉：《法律的界限：实证主义命题群之展开》，中国政法大学出版社2007年版，第38页。

尼斯在自然法理论史中的地位等问题。

学界一般将19世纪中期以前的自然法理论划分为以亚里士多德和阿奎那为代表的古典自然法传统和16世纪以后由格劳秀斯等人开创的现代自然法传统。[①] 古典自然法传统认为：要理解人的本质，只能通过理解人的能力来实现；而要理解人的能力，只能通过理解将它们现实化的行为来实现；进一步地，要理解上述行为，只能通过理解它们的目标来实现，这些目标就是上述行为试图获得的各种善。现代自然法传统与古典自然法传统的一个根本区别，就在于抛弃了古典自然法传统的上述洞见。进一步地，菲尼斯认为，作为将人的能力现实化的行为的目标，"那些善是我们行动的理由，如果没有充分理解它们的内在价值、它们使人类个体得以实现并完善的方式、它们对所有思考将要从事何种行为的人而言所具有的命令性或规范性，那么道德、政治或法律理论中的任何问题都不能被良好地理解"[②]。从这句话中，已经可以看出菲尼斯在古典自然法传统与现代自然法传统之间的基本倾向；如果考虑到他本人关于基本善的理论，那么传统就更能理解他扬古典自然法传统抑现代自然法传统的立场。

在我的阅读范围内，菲尼斯最早将他本人及相关人士的自然法理论称之为"新古典自然法理论"，似乎是在他1991年主编的《自然法》一书中，这个称谓一直沿用至今。[③] 新古典自然法理论的奠基性作品《实践理性的第一原则：对〈神学大全〉第二集第一部第九十四题第二条之评论》一文出自美国基督教道德神学家杰曼·格里茨（German Grisez 1929年出生）之手，该文对应当行善除恶这一实践理性的第一原则的意义作出了详细的诠释，奠定了日后菲尼斯解释诸如"知识是值得拥有的事物"等基本

---

① 这里，需要说明一个在西方学界已成共识但在中国学界却不无分歧的问题——"古典自然法传统"的具体所指。"古典自然法传统"的准确意义已如正文所述；但是，由于将17、18世纪称之为"古典时代"（the classical era），博登海默在"现代自然法"的意义上使用"古典自然法"一词，造成含义的颠倒与混淆。从西方法哲学在中国的普及意义上讲，博登海默具有重要地位，在上述术语的用法上，中国法理学界也延续了博登海默的用法，从而与西方主流学界不一致。故此，本书恢复与西方主流学界相一致的用法。参见［美］博登海默：《法理学：法律哲学与法律方法》，邓正来译，中国政法大学出版社1999年版，第38页以下。

② John Finnis, 'Natural Law: The Classical Tradition', in *The Oxford handbook of jurisprudence and philosophy of of law* (Jules Coleman & Scott Shapiro ed., Oxford University Press, 2002.), p. 8.

③ John Finnis ed., *Natural Law Volume I.* Dartmouth Publishing Company Limited, 1991. John Finnis, 'Natural Law: The Classical Tradition', in *The Oxford handbook of jurisprudence and philosophy of of law* (Jules Coleman & Scott Shapiro ed., Oxford University Press, 2002.), p. 5.

实践原则的基础，从而对菲尼斯的自然法理论具有根本的指导性作用。[①]

自此以后，1979 年，格里茨和多伦多大学哲学教授约瑟夫·博伊尔(Joseph Boyle)合著的《与自由和正义有关的生与死》出版；[②] 1980 年，菲尼斯的《自然法与自然权利》出版；[③] 1983 年，菲尼斯的《伦理学基础》出版；[④] 1984 年，格里茨的《基督教道德原则》出版；[⑤] 1987 年，菲尼斯、博伊尔、格里茨合著的《核威慑、道德性与现实主义》出版。[⑥] 一时之间，蔚为大观。经过这二十多年的发展，在格里茨、菲尼斯和博伊尔这三名主力干将的努力下，新古典自然法理论逐步形成。在法实证主义占主导地位的法理学传统下，新古典自然法理论试图通过坚持古典自然法传统的基本立场，发展出切时代的自然法理论。

在新古典自然法理论中，又以菲尼斯的自然法理论最为重要，原因在于：较之于偏重伦理学理论的格里茨等人，菲尼斯强调自己植根于分析法学的现代传统，并与同属该传统的哈特、拉兹、德沃金等人不断进行论战，从而占据着格里茨等人所缺乏的独特地位。菲尼斯这种独特的地位得到了学界的公认，劳埃德（1916—1992）认为："当代对于自然法最具权威性的阐释是约翰·菲尼斯的论述。"[⑦] 而分析法学第三代弟子比克斯则在其《法理学：理论与语境》中将专门介绍自然法理论的一章命名为"自然法理论与约翰·菲尼斯"，足可见其高度重视菲尼斯在自然法理论中所扮演的重要角色。[⑧]

---

① German Grisez, 'The First Principle of Practical Reason: A Commentary on the *Summa Theologiae*, 1 - 2, Question 94, Article 2' (1965) 10 *Natural Law Forum*, pp. 168 - 201. John Finnis, *Natural Law And Natural Rights*, Clarendon Press, 1980. p. Ⅶ. p. 76.

② Joseph Boyle & German Grisez, *Life and Death with Liberty and Justice*, Notre Dame University Press, 1979.

③ John Finnis, *Natural Law And Natural Rights*, Clarendon Press, 1980. 另：《自然法与自然权利》一书已有中译本（[英] 约翰·菲尼斯：《自然法与自然权利》，董娇娇、杨奕、梁晓晖译，中国政法大学出版社 2005 年版），实事求是地说，该译本翻译质量较差，故本书以引用英文原本为主；当然，为示对中译本的尊重，在中译本翻译尚可时引用中译本，特此说明。

④ John Finnis, *Fundamentals of Ethics*, Clarendon Press, 1983.

⑤ German Grisez, *Christian Moral Principle*, Franciscan Press, 1984.

⑥ John Finnis, Joseph Boyle & German Grisez, *Nuclear Deterrence*, *Morality and Realism*, Oxford University Press. 1987.

⑦ [英] 劳埃德：《法理学》，许章润译，法律出版社 2007 年版，第 92 页。

⑧ 参见 [美] 比克斯：《法理学：理论与语境》，邱昭继译，法律出版社 2008 年版，第 79 页以下，尤其是第 89 页以下。

三、菲尼斯的治学与著述

我在第一部分和第二部分分别从自然法与法实证主义争论的理论史和自然法自身的理论史这两个角度论证了菲尼斯的地位，作为本书研究的主角，菲尼斯至此正式登场。

约翰·米切尔·菲尼斯（John Mitchell Finnis）1940年出生于澳大利亚南部的阿德莱德，2004年加入英国国籍。1947年至1957年，菲尼斯就读于阿德莱德的圣彼得学院；1958年至1961年，他就读于阿德莱德大学，并获得法学学士学位；1962年至1965年，他就读于牛津大学大学院，师从哈特，并以《司法权理念，特别与澳大利亚联邦宪法有关》（*The Idea of Judicial Power, with special reference to Australian fereral constitutional law*）一文获得哲学博士学位。

1965年至1966年，菲尼斯执教于加州伯克利分校。1966年到现在，菲尼斯一直担任牛津大学大学院研究员和讲师；其间，牛津大学在1989年为他专设了法律与法哲学教授这一教席，该教席至今尚未易主。此外，自1995年起，菲尼斯还执教于美国印第安纳州圣母大学。

1960年代的牛津大学，处于分析法学发展的黄金时期。1961年，哈特《法律的概念》的出版，标志着法实证主义被赋予了崭新的面貌。[①] 但是，哈特并未因此压制自然法理论的发展，恰恰相反，他拟定了“自然法与自然权利”这一书名，并邀请菲尼斯来撰写。哈特相信菲尼斯能对法实证主义进行强有力的批判，从而坚定地为自然法辩护。事实上，哈特的《法律的概念》与菲尼斯的《自然法与自然权利》是被牛津大学出版社一同放在“克拉伦敦法律系列”中出版的，尽管两本书的出版相隔近二十年之久。[②]

接到哈特的邀请后，菲尼斯在牛津大学开始构思并着手写作《自然法与自然权利》，与此相应，在20世纪70年代，他还撰写了若干有关法律与哲学的文章。1976年至1978年，菲尼斯被短期派遣到马拉维大学执

① 详细参见舒国滢：《赫伯特·L. A. 哈特——一代法哲学大师的陨落》，《比较法研究》1996年第4期。

② Robert P. George, ‘Introduction’（Symposium on Natural Law And Natural Rights）, 50 *The Amrican Journal of Jurisprudence*, 2005, p. 107.

教，在那里，他完成了《自然法与自然权利》的主体部分。1979 年，菲尼斯回牛津大学后不久，该书全部完成，并于 1980 年出版。

作为菲尼斯的第一本专著，《自然法与自然权利》的出版，标志着菲尼斯全面系统地提出了他的自然法理论。新古典自然法理论的杰出发展者、普林斯顿大学教授罗伯特·乔治（Robert P. George 1955 年出生）认为，在《自然法与自然权利》之中，菲尼斯使关于法律与道德及其相互关系的古典传统恢复了生机，他揭示并发展了这一传统最卓越的洞见，回击了对这一传统最有力的批评者，并且对古典传统的理论家所犯的错误作出了重要的修正。“在他执行其计划的过程中，菲尼斯对当代有关实践理性、正义与共同善、权威、义务、权利和法律非正义问题的争论作出了重要贡献。”[①] 乔治指出：“《自然法与自然权利》经受住了时间的考验。在它出版二十五年之后，它与《法律的概念》一起成为了这一领域的经典著作。法律哲学领域的作者们总是发现，竭力理解菲尼斯为自然法的辩护和对与之交锋的学说的批评是非常必要的。”[②]

在《自然法与自然权利》之后，菲尼斯还出版了数部著作，它们分别是：《伦理学基础》（1983）[③]，《核威慑、道德性与现实主义》（与博伊尔、格里茨合著）（1987）[④]，《道德绝对：传统、重温与真理》（1991）[⑤]，《阿奎那：道德、政治和法律理论》（1998）[⑥]。在我看来，《自然法与自然权利》奠定了菲尼斯自然法理论的基本框架和总体风貌；至于后面这几本著作，或是对其理论渊源（古典自然法传统）的专门阐述（《阿奎那：道德、政治和法律理论》），或是对知识背景（伦理学理论）的进一步说明（《伦理学基础》和《道德绝对：传统、重温与真理》），或是对具体问题的集中论证（《核威慑、道德性与现实主义》）。总体而言，后面

① Robert P. George, ‘Introduction’ (Symposium on Natural Law And Natural Rights), (2005) 50 *The Amrican Journal of Jurisprudence*, p. 107.

② Robert P. George, ‘Introduction’ (Symposium on Natural Law And Natural Rights), (2005) 50 *The Amrican Journal of Jurisprudence*, pp. 107 – 108.

③ John Finnis, *Fundamentals of Ethics*, Clarendon Press, 1983.

④ John Finnis, Joseph Boyle & German Grisez, *Nuclear Deterrence*, *Morality and Realism*, Oxford University Press, 1987.

⑤ John Finnis, *Moral Absolutes*: *Tradition*, *Revision and Truth*, Catholic University of America Press, 1991.

⑥ John Finnis, *Aquinas*: *Moral*, *Political and Legal Theory*, Oxford University Press, 1998.

这几本著作乃至菲尼斯的一系列文章都没有摆脱《自然法与自然权利》所确立的基本框架。

四、本书的研究目的

正是基于上述对菲尼斯自然法理论的理解，本书力图准确、深入地研究菲尼斯的自然法理论，把握菲尼斯与实证主义者的核心分歧。对于这一研究目的，需要作出详细说明。

首先，为了实现上述研究目的，我将主要采取文本研究这一基本研究方法，以基本文献为中心，构建菲尼斯自然法理论的基本体系。具体地说，我将以对《自然法与自然权利》的研究为基本线索，以《伦理学基础》作为重要补充，充实菲尼斯自然法理论的伦理学背景。在这样做的基础上，我将根据菲尼斯自然法理论的内在逻辑，通过对菲尼斯若干重要文章和其他学者相关文章的研究，展现菲尼斯自然法理论的总体轮廓。

其次，本书不拟讨论形而上学问题，也即略去对《自然法与自然权利》之第三编第十三章“自然、理性与上帝”的研究。在形而上学的问题上，菲尼斯坚持了阿奎那的主张，认为自然法与上帝的存在、本质和意志均没有关系，所以，他在阐述自己的自然法理论时也不会涉及上帝的存在、本质和意志等形而上学问题。[①] 对于这一点，劳埃德解释得非常清楚：“作为对于阿奎那学说的理性重构，人们可能期望上帝在菲尼斯的理论中愈发彰显。然而他并未如此行事。菲尼斯是一名虔诚基督徒，上帝于他是结论，而非前提。如同格劳秀斯，他相信一种自然法理论无须必得以上帝为条件。它无需宗教学说，兀然挺立。不过，菲尼斯认为，如果你接受了他书中的论说，你就有坚实的理由相信宇宙的无因之因。不信者或者怀疑者于此可能发现的引人入胜之处是，它允许将信仰悬置，并不要求以对于神性的信仰作为起始考察的必要前提。”[②]

---

① John Finnis, *Natural Law And Natural Rights*, Clarendon Press, 1980. pp. 48 – 49.

② ［英］劳埃德：《法理学》，许章润译，法律出版社 2007 年版，第 98 页。

第一章　菲尼斯自然法理论的背景与渊源

本书所言菲尼斯自然法理论的“背景”即指方法论背景。“背景”一词源于菲尼斯本人的表述：“凡作者均有其背景；本书植根于可被称之为‘分析法学’的现代传统之中，早在我第一次开始怀疑对诸自然法理论而言可能有比迷信与黑暗更多的东西之前，我自己对该传统的兴趣即已萌发。”① 而正如本书即将分析的，菲尼斯强调他对‘分析法学’的现代传统的追随实际上指的是他对哈特、拉兹等描述性社会理论家的方法论的继承与创新。至于“渊源”，本书是在理论渊源的一般意义上使用，以描述菲尼斯自然法理论与古典自然法传统、现代自然法传统之间的关联。进一步地，菲尼斯自然法理论的方法论背景与理论渊源是相互交织在一起的。菲尼斯在论述描述性社会理论家的方法论时也着意强调了他们在某些问题上与古典自然法理论家的关联，譬如在对中心情形和核心意义的选择这一点上，菲尼斯明确指出了亚里士多德与哈特、拉兹等人的一致性。② 而菲尼斯对自然法理论史的理解，也是在辩析自然法与法实证主义的相互批评中展开的。

第一节　菲尼斯自然法理论的方法论背景

菲尼斯对哈特、拉兹等描述性社会理论家的方法论的继承与创新，是从他将哈特等人与边沁、奥斯丁、凯尔森等“早期分析法学家”区分开

---

① John Finnis, *Natural Law And Natural Rights*, Clarendon Press, 1980, p. Ⅵ.

② John Finnis, *Natural Law And Natural Rights*, Clarendon Press, 1980, pp. 9 – 10.

来这一点出发的。在菲尼斯那里，这种区分是非常关键的。因为在他看来，哈特、拉兹等人与早期分析法学家在基本方法论上有着决定性的差异，而正是前者的方法论构成了菲尼斯自然法方法论的重要基础，这正是将他的自然法理论与分析法学的现代传统勾连起来的关键所在。

哈特等人与早期分析法学家之间在基本方法论上的差异集中体现在分析法学家给“法律”下定义时所使用的方法上。菲尼斯认为，早期分析法学家一开始就预设了法律的定义，并将其想当然地加以接受；他们在给法律下定义时只是注重寻找“某一共同的要素”，而没有对法律的定义提供任何理由或证成。菲尼斯将这种方法论斥之为“相当幼稚的”,[①] 同时认为哈特、拉兹等人的方法论已经与之发生了明确的决裂，后者的复杂性与之形成了鲜明的对立，主要表现为以下三个特征：对实践意义的关注、对中心情形和核心意义的选择、对视角的选择。当然，在菲尼斯看来，上述三个特征在哈特和拉兹的著述中并非都得到了同样全面而清晰的表述，同时，它们与菲尼斯方法论的关联也并非在同一层逻辑上展开的。因此，要理解菲尼斯的方法论，就需要仔细分析这三个特征在他那里的基本定位与相互关联。

一、对中心情形和核心意义的选择

尽管菲尼斯将对中心情形和核心意义的选择这一特征置于对实践意义的关注这一特征之后，但我认为对中心情形和核心意义的选择这一特征能更直接、更鲜明地体现哈特、拉兹等人与早期分析法学家的方法论决裂，故宜先行论述，同时，这种论述策略也不会造成理解上的困难。

一如前述，早期分析法学家在给法律下定义时只是注重寻找“某一共同的要素”，菲尼斯这样描述凯尔森的方法论预设：

描述性或解释性术语必须被理论家以这样一种方式所应用：它们可以直接地并以相同意义地延伸至所有的事务状态之中，上述事务状态在非理论性话语中可以被合理地“称之为‘法律’”，而不论那些事务状态可能多么不发达，也不论那些事务状态可能显示它们的作者（如“专制的酋长”）多么不关心法律与强力、法律与道德、法律与习惯、法律与政治、

① John Finnis, *Natural Law And Natural Rights*, Clarendon Press, 1980, p. 6.

法律与绝对裁量权、或者法律与其他一切事物之间的区别。[1]

按照凯尔森的方法论，只要能找到“某一共同的要素”，凡是具备该要素者都可以被称之为“法律”。至于在这些“法律”内部，彼此之间还是否存在区别、这些区别的重要性如何这样一些问题则在所不问，或者说并不重要。

凯尔森这种给某一概念下定义的方法论遭到了哈特和拉兹的强烈反对。哈特指出：“认为一般性用语的个别个例都必须具有相同特质的假设可能是独断的。”[2] 相反，在某一一般性用语的众多个例中，有的特征是为所有个例所具有，但有的特征只为部分个例所具有。哈特这种为一般性用语下定义的方法被拉兹所继承，拉兹在描述法律体系的特征时认为：“标志着一个体系是法律体系的一般特征有好几个，每一个特征原则上都容许不同的程度。在法律体系的典型示例中，所有这些特征都以一种非常高的程度表现出来。但是也可能发现这样一些体系，在它们之中，所有或者部分特征只以一种较低的程度表现出来，或者根本就找不到某一两处特征。试图在那些是法律体系的和不是法律体系的规范性体系之间确定一条准确的边界是主观专断的和没有意义的。当面临边际情形时，最好承认它们造成困难的资格（problematic credentials），最好将它们与典型示例的相似点与相异点列举出来，然后到此为止。”[3] 在总结哈特和拉兹的方法论的基础上，菲尼斯将某一理论概念在其核心意义（focal meaning）上所指涉的事物状态称之为“中心情形”（central case），[4] 而将与核心意义相对应的“次要意义”（secondary meaning）所指涉的事物状态称之为“附带情形”（peripheral case）或“边际情形”（borderline case）。[5] 对某一特定概念而言，既存在具有该概念所有必备特征的中心情形，又存在只具有该概念部分必备特征的附带情形。中心情形和附带情形都可以作为该概念的示例，后者缺少了前者所具有的一些特征，无非是前者“被稀释的版本”（watered - down versions）而已。[6]

---

① John Finnis, *Natural Law And Natural Rights*, Clarendon Press, 1980, p. 10.

② ［英］哈特：《法律的概念》，许家馨、李冠宜译，法律出版社2006年版，第15页。

③ Joseph Raz, *Practical Reason and Norms*, Oxford University Press, 1999, p. 150.

④ John Finnis, *Natural Law And Natural Rights*, Clarendon Press, 1980, p. 10.

⑤ John Finnis, *Natural Law And Natural Rights*, Clarendon Press, 1980, p. 11.

⑥ John Finnis, *Natural Law And Natural Rights*, Clarendon Press, 1980, p. 11.

中心情形与附带情形的区分，使得一个概念的外延既具有了与凯尔森式方法论相同的广泛性，又具有了后者所不能实现的在该概念所指涉的事物状态内部的可区分性。举例来说，就“宪制政府”这一概念的中心情形而论，希特勒治下的德国自然不合条件，但这并不影响它成为宪制政府的附带情形。人们在使用某一概念描述事物状态时，首先当然会指涉其中心情形，但当其视野扩展至该概念的附带情形时，也因为该概念在外延上的广泛性而没有必要另行寻找其他概念。这就是对中心情形和核心意义的选择这一特征在方法论上的基本意义。

二、对实践意义的关注

对实践意义的关注这一哈特、拉兹等人方法论上的又一个特征，是通过菲尼斯简要重述他们的法律理论来实现的。这种实践意义集中表现为将法律视为为社会成员遵守法律提供实践理由（practical reason）的事物。哈特和拉兹对法律的解释都是描述性的，用拉兹本人的话说，就是这些解释都“仅仅基于非评价性特征来辨认法律”。[①] 那么，辨认法律的非评价性特征究竟是些什么呢？拉兹对此的回答是：

当然，关于非评价性的辨认标准究竟是什么，并没有一致的意见，但是，针对它们应当是什么存在一个一般性的理解：它们应当挑选出那样一些现象，那些现象构成了一种特殊的社会制度，这种制度作为许多社会体系的一种重要组成部分而被人们所发现，它完全不同于其他社会制度。[②]

菲尼斯认为，从拉兹这段话中可以看出，导致描述性理论家之间在描述上存在差异的原因是：他们在同样完全熟悉的资料和经验领域中对何为重要的且有意义的（significant）这一问题持有不同的观点。[③]

三、对视角的选择

描述性理论家在描述同一主题时存在差异，也就是因为他们采取了不

---

① Joseph Raz, *Practical Reason and Norms*, Oxford University Press, 1999, p. 165.

② Joseph Raz, *Practical Reason and Norms*, Oxford University Press, 1999, p. 165.

③ John Finnis, *Natural Law And Natural Rights*, Clarendon Press, 1980, p. 9.

同的视角。其实，对实践意义的关注与对视角的选择是紧密联系在一起的：由于关注实践意义，所以要重视辨认为社会成员遵守法律提供实践理由的法律；而由于辨认法律的标准各不一致，又进一步导致了我们对描述性理论家所采不同视角的追问。与此同时，当描述性理论家针对某一概念采取不同视角时，也就意味着他们针对该概念给出了不同的中心情形和附带情形。这样一来，哈特、拉兹等人方法论的三个特征就发生了一种有机性的内在关联。

从哈特、拉兹等人对实践意义的关注这一共同特征来看，菲尼斯将他们的视角称之为实践视角。当然，这一称谓依旧是比较笼统的，在实践视角的内部，还存在多种视角，这也就是哈特与拉兹存在差异的原因。之所以说实践视角这一称谓比较笼统，是与菲尼斯对"实践"的定义相关的。所谓"实践"，就是"为了决定和行为"。[①] 菲尼斯认为，当描述性理论家在其不可或缺的概念选择和形成过程中必须依靠一种实践视角时，他们必须通过追问在其主题领域中何为重要的或有意义的来评估该领域内相似点和相异点的重要性或意义，而对该领域中何为重要的或有意义的这一点的确定，又来自于那些其关注、其决定和其行动创制或构成了主题的人们的评价。[②]

具体地说，哈特的视角表现为"法律的内在视角"，而拉兹的视角则经历了从"普通人视角"到"法律视角"的转换。但是，菲尼斯批评这些视角依然是不稳定的和不令人满意的。因为"他们坚决拒绝作出进一步的区分。他们承认，正如他们所描述的那样，'内在的'或'法律的'视角是一系列非常不同的视角的混合。"[③] 譬如在哈特的"法律的内在视角"中，既包含了人们认为遵守法律是其道德义务这种情况，也包含了"长期利益的计算、对他人无私的关怀；不经反省的习惯或传统的态度；或者只是想要跟着别人走"这些完全"不同的考量"。[④] 菲尼斯认为，对哈特式"法律的内在视角"作出进一步的区分是非常必要的，因为如果拒绝这种区分，就意味着拒绝赋予那些在特定领域中的行动者看来在实践上很有意义的差异以意义，而这违背了前述菲尼斯对实践视角的理解。同

---

① John Finnis, *Natural Law And Natural Rights*, Clarendon Press, 1980, p. 12.

② John Finnis, *Natural Law And Natural Rights*, Clarendon Press, 1980, p. 12.

③ John Finnis, *Natural Law And Natural Rights*, Clarendon Press, 1980, p. 13.

④ ［英］哈特：《法律的概念》，许家馨、李冠宜译，法律出版社 2006 年版，第 187 页。

时，就以哈特和拉兹所使用的的方法而言，也要求对“法律的内在视角”本身的中心情形与附带情形作出进一步的区分。

菲尼斯因循哈特和拉兹的思路，对他们的“法律的内在视角”所指涉的各种情形进行细致讨论以后，认为在后者那里，如果在某种视角看来法律义务被视为一种道德义务，而且法律秩序的建立和维系被视为一种道德理想，那么这种视角就构成了法律视角的中心情形。[①] 因为只有采取这种视角，法律才独立于其他形式的社会秩序。但是，菲尼斯对在有关这一视角的表述中采用“道德”这一术语并不满意，他更愿意用“实践合理性”取代之。所谓“实践合理性”，就是“在做出决定、采纳承诺、选择并执行计划以及通常表现在行为中的合理性”。[②] 进一步地，菲尼斯认为，即便是上面这样一种对中心情形的界定，依然是不够准确的，因为尽管人们已经将法律义务视为实践合理性的要求，但是在实际行为和具体细节中，人与人之间对实践合理性的真正要求的认识并不完全一致，有些人的认识会比其他人的认识更加合理。因此，菲尼斯最后为中心情形视角给出的界定是：

中心情形视角本身是那样一些人的视角，他们不仅诉诸实践合理性，而且在实践上是合理的，那就是说：前后一致；关注人类机会和繁盛的所有方面并意识到这些方面有限的可通约性，注意纠正缺陷和故障，并认识到它们植根于人格的不同方面之中和社会互动的经济及其他物质条件之中。[③]

对于菲尼斯与哈特等人的异同，比克斯的评论极为精当，兹全文引用如下：

菲尼斯对哈特的方法做出了重要的修正。他认为，在从事法律理论研究时人们不应采取那些仅仅接受了法律的有效性的人的视角（哈特的理论似乎包括那些出于审慎的理由而接受法律的有效性的人）；这种理论应该假设那些接受了法律的约束力的人的视角，因为他们——正确地——相信有效的法律规则创设了（初始的）道德义务。这种差异似乎是微小的，但它划定了一条重要的理论分界线：法律实证主义者坚持以一种道德中立的方式从事理论研究，自然法学家声称道德价值是恰当的描述和分析的组

① John Finnis, *Natural Law And Natural Rights*, Clarendon Press, 1980, pp. 14 – 15.

② John Finnis, *Natural Law And Natural Rights*, Clarendon Press, 1980, p. 12.

③ John Finnis, *Natural Law And Natural Rights*, Clarendon Press, 1980, p. 15.

成部分。菲尼斯的描述理论方法要求，理论家判断被描述的法律体系的道德优劣，在从事描述理论的过程中它是此类道德评价的属性或必然性，它还成为法律实证主义和自然法理论之间的分界线，在这一点上菲尼斯与哈特不同。[①]

总之，要具备实践合理性，意味着要对一个人应当做什么展开实践思考。而对于这一问题，描述性社会理论并不关注。但是，如果缺乏被具有实践合理性的人所发现的适于描述他们所认为的什么是应当做的概念，描述性社会理论又无法展开，也就是无法形成描述性社会理论的概念。

至此，菲尼斯对描述性社会理论家方法论的重述与研究基本结束，简言之，在这一方法论的三个特征中：对中心情形和核心意义的选择这一特征是他们最自觉的方法论，[②] 这也标志着他们与早期分析法学家的根本分歧。由这一特征所决定，他们需要选取某一视角来进行中心情形和边际情形的甄别。在这一过程中，对实践意义的关注促使他们自发地使甄别视角具有了某种实践取向。但是，这一取向是模糊的，不彻底的，未受澄清的。而正是这一点构成了菲尼斯本人方法论创新的出发点。

四、坚持评价与描述的互动

菲尼斯方法论创新的出发点以评价与描述的关系为中心，他将这一出发点概括为：“在为了描述诸如法律或法律秩序等人类事务的诸方面而选择或形成任何概念的过程中，理论家本人的评价是一个不可或缺的、决定性的因素。”[③] 只有通过评价，才能确定特定的中心情形视角，进而形成描述性社会科学的概念。而评价的对象又不是无限制的，它要局限于理论家描述的范围之内。因此，在通过理论描述人类事务与采取某种观点评价人类选择之间，存在着相互依赖的关系。描述与评价的这种关系不是单向的，而是双向的。这种关系不是谁决定谁的关系，而是互相参考、互为前提的关系。正如菲尼斯总结所言：“评价绝不是对描述的演绎；但是一个

① ［美］比克斯：《法理学：理论与语境》，邱昭继译，法律出版社2008年版，第92—93页。

② 尽管这种自觉只是相对于早期分析法学家而言的，换句话说，如果在这一特征上将他们与古典自然法理论家相比，他们仍然会在某些方面表现出不自觉性。John Finnis, *Natural Law And Natural Rights*, Clarendon Press, 1980, p. 26.

③ John Finnis, *Natural Law And Natural Rights*, Clarendon Press, 1980, p. 16.

关于人类境况之事实的知识非常有限的人是不可能在辨别基本价值的实践含义的过程中作出良好的判断的。同样，描述也不是对评价的演绎，但是如果没有评价，一个人又不能确定什么样的描述真正是启发性的和有意义的。”[①]

菲尼斯的这一方法论创新是基于对描述性理论家的方法论反思而展开的，描述性理论家从其不明确的和未充分正当化的基础出发，勾勒了他们眼中的自然法理论。由于其方法特别是实践视角这一方法的不彻底性，使得他们对自然法的表述是不完整的、甚至是歪曲的。在菲尼斯看来，自然法理论要是合理的，就要充分认识并切实贯彻描述性社会理论的三个方法论特征，而且要采取源自实践视角的批判立场。由此可以看出，菲尼斯自然法理论的方法论不仅与描述性社会科学的方法论保持一致，而且进一步凸显出实践合理性的意义。这样的自然法理论不仅能为描述性社会科学提供一个可证成的概念框架，更重要的是，它有利于帮助那些关注行为的人展开实践反思。[②] 因此，自然法与实践合理性的关系，以及这种关系在分析法学传统中的体现，就成为菲尼斯在阐明其自然法理论的方法论的基础上如何提出其特色鲜明的自然法理论的重要问题意识。

第二节　菲尼斯自然法理论的渊源

如果说对分析法学现代传统的方法论的反思与发展构成了菲尼斯自然法理论的方法论背景，那么对自然法理论史的理解则构成了菲尼斯自然法理论的理论渊源。对于前者，是通过研究描述性社会理论家的理论来实现的；对于后者，则是通过研究古典自然法传统、现代自然法传统来实现的。正是通过这两个方向的努力，菲尼斯才将古典自然法传统与分析法学的现代传统接续起来，创建了自己的自然法理论。但是，这两个方向的努力并不是分别进行最后再交汇在一起的，而是一开始就融会贯通的。菲尼斯在论述描述性社会理论家的方法论时也着意强调了他们在某些问题上与

---

① John Finnis, *Natural Law And Natural Rights*, Clarendon Press, 1980, p. 19.

② John Finnis, *Natural Law And Natural Rights*, Clarendon Press, 1980, p. 18.

古典理论家的关联，譬如在对中心情形和核心意义的选择这一点上，菲尼斯明确指出了亚里士多德与哈特、拉兹等人的一致性。[①] 而正如下文即将展示的那样，菲尼斯对自然法理论史的理解，也是在自然法与法实证主义的相互批评中展开的。

要论及菲尼斯对自然法理论史的理解，首先要注意的一点是：菲尼斯高度强调了自然法与自然法理论之间的区别。他说："首先要做的一个必要的区分是某种理论、话语或解释与该理论、话语或解释的主题之间的区分。"[②] 存在关于这些理论、话语和解释的历史，但是它们的主题本身却没有历史。作为自然法理论研究的主题，自然法本身并无历史，存在的只是自然法的理论史。菲尼斯的学术雄心并不是梳理自然法的理论史，而是提出自己的自然法理论。因此，他对其他理论家的研究与参考，并不是要呈现出一幅自然法理论的发展史，而只是为其自然法理论提供素材。这些素材可以是论点上的支持，也可以是论据与论证上的支持，但这些支持并不是作为一种历史的发展来呈现其意义的，而是作为菲尼斯自然法理论的组成要素来发挥其作用的。正是因为这一点，在写作策略上，菲尼斯才没有采取梳理自然法理论史的方式，而是采取了清理自然法学派与其众多批评者的相关理论争议的方式，来表达他对自然法理论史的理解，同时也表达了他在自然法阵营内部的基本立场。相应地，他对自然法理论史的理解，也就从批评法实证主义对自然法的误读、解析休谟对现代自然法传统中义务理论的批评和论证"是"与"应当"无法相互推导这三个方面展开。

一、批评法实证主义对自然法的误读

菲尼斯对自然法理论史的理解，首先是在与法实证主义的对话中展开的。他认为法实证主义从以下几个方面误读了自然法。

第一，法实证主义误读了自然法的有效性概念。这一误读在法实证主义对自然法的误读中占据着核心地位，以凯尔森和哈特为代表，而他们的观点又被拉兹所继承。

拉兹在《凯尔森的基本规范理论》一文中写道："凯尔森正确地指

① John Finnis, *Natural Law And Natural Rights*, Clarendon Press, 1980, pp. 9 – 10.

② John Finnis, *Natural Law And Natural Rights*, Clarendon Press, 1980, p. 24.

出，在自然法理论中，不存在法律有效性的特定观念。有效性的唯一概念是指符合自然法的有效性，即道德有效性。自然法学家只会将一部法律判断为在道德上是有效的、也即正义的，或者在道德上是无效的、也即错误的。他们不会说一部法律在法律上是有效的但在道德上却是不正义的。如果它是错误的和不正义的，那么在他们所认可的有效性的唯一的意义上，它也是无效的。”① 也就是说，在凯尔森看来，自然法的有效性概念专指道德有效性，而不包含法律有效性。拉兹在自己对自然法的理解上，也援用了凯尔森的这一看法。

菲尼斯对凯尔森和拉兹的上述理解提出了强烈批评，认为他们在这个问题上完全误解了自然法，并将这种误解归因于他们未能按照自然法理论家自身的定义原则（即在定义中要注意选择中心情形和核心意义）解释后者的文本的结果。按照菲尼斯对阿奎那的理解，后者认为尽管恶法不是核心意义上的法律，但依然是次要意义的法律。因此，菲尼斯指出，古典自然法传统远远没有否认不公正规则的法律有效性，“这个传统（通过说明‘不公正的法律’）明确地赋予了不公正的规则以法律有效性。”②

与凯尔森和拉兹相类似，在哈特的自然法版本中，不公正的规则在任何意义上都不是法律。对于哈特的这种理解，菲尼斯的上述批评完全适用。尽管菲尼斯在论述法律的有效性与道德性这一问题上没有主要批评哈特，但是，菲尼斯在分析“恶法非法”这一问题时大量涉及了哈特的相关文字。③ 相比之下，智利安第斯大学法律与政治哲学教授克里斯托瓦尔·奥雷戈的论述更加直接。在《H. L. A. 哈特对古典自然法传统的理解》一文中，针对哈特有关古典自然法传统的知识和思考，奥雷戈作出了一个系统的说明和评价。他申明：“我的评论紧随约翰·菲尼斯。尽管我不是要解释菲尼斯的自然法理论，而是要解释古典理论。然而，我的确认为菲尼斯与古典理论相一致，至少就理顺哈特在此问题上的混淆这一目的而言是这样的。”④ 他认为哈特从两个基本方面严重误读了古典理论，

---

① Joseph Raz, ‘Kelsen’ s Theory of the Basic Norm’, (1974) 19*The Amrican Journal of Jurisprudence*, p. 100.

② John Finnis, *Natural Law And Natural Rights*, Clarendon Press, 1980, p. 365.

③ John Finnis, *Natural Law And Natural Rights*, Clarendon Press, 1980, p. 364.

④ Cristobal Orrego, ‘H. L. A. Hart’ s Understanding of Classical Natural Law Theory’, (2004) 24 *Oxford Journal of Legal Studies*, p. 288.

其中之一就是与法律有效性相关的所谓“恶法非法”问题。他指出：“除了大体地确定了它们必须由一个适格的权威制定之外，托马斯·阿奎那没有详细讨论对人定法形式有效性的要求。然而，他依然清楚地认为人定法与自然法的对立这一问题假定了人定法在系统内的、法律或形式意义上的有效性。在服从问题产生之前，人定法已经先于它是否公正这一问题而存在。托马斯·阿奎那认定了人定法在哈特意义上的有效性。”① 质言之，阿奎那不仅承认法律有效性的概念，而且承认恶法具有法律有效性。

总之，沿用菲尼斯的术语，可以说，古典自然法传统通过对法律的核心意义与次要意义加以区别，从分析的层面上既认可了道德有效性概念，也认可了法律有效性概念。

第二，法实证主义误读了自然法的授权理论。凯尔森正确地认为，自然法努力将实在法建基于一项自然法授权之上。但是，凯尔森认为，这种努力在逻辑上是不可能的，因为“这样一项授权将使法律有效性归因于规范的原因不是由于规范的正义性，而是由于规范来源于授权；他说，而这又会使授权推翻并‘取代’自然法”②。菲尼斯认为，在逻辑上犯错误的不是自然法，而是凯尔森自己。菲尼斯通过分析阿奎那在法律有效性这一问题上的论述，认为自然法的授权并不意味着无条件的授权，授权本身要符合自然法的要求。

第三，法实证主义误读了自然法理论中自然法与实在法的关系。这种误读依然以凯尔森为代表，而菲尼斯则是通过援用并发展阿奎那的理论来反驳凯尔森的。这种误读表现为两个方面。

一方面，在凯尔森版的自然法理论中，实在法不过是自然法的摹本。阿奎那则认为，实在法并不仅仅是自然法的一种发散物抑或摹本，而实在法的立法者也享有建筑师一般的创造自由（这种创造自由是凯尔森版的自然法理论所不容的）。实在法之所以成为人类必需，其中一个理由就是自然法不能提供所有甚至大部分共同体生活中协调性问题的解决方法，这一任务只能由实在法来完成，所以实在法不可能是对自然法的简单复制。

另一方面，在凯尔森版的自然法理论中，由于自然法是一种非强制性

---

① Cristobal Orrego，‘H. L. A. Hart’s Understanding of Classical Natural Law Theory’，（2004）24 *Oxford Journal of Legal Studies*，p. 300.

② John Finnis，*Natural Law And Natural Rights*，Clarendon Press，1980. p. 27.

秩序、而实在法是一种强制性秩序，所以凯尔森认为在自然法与实在法之间必然存在矛盾。而在阿奎那那里，人类需要实在法的第二个理由就是自然法不能强制自私的人们合理行动。这貌似与凯尔森的逻辑保持一致，但正是在这一点上，菲尼斯决定性地发展了阿奎那的理论。他认为自然法的非强制性特征只是理想主义的要求，而"一套合理的自然法理论要努力反思性地表达实践合理性的要求和理想，而不是理想主义的要求和理想。"① 换句话说，在实践合理性的视角下，自然法也是具有强制性的。

第四，法实证主义误读了自然法有关人类团结之目标的立场。这一误读是由哈特所作出的，哈特写道："以其五花八门的形式，自然法理论却试图把争论向前推进一大步，并宣称说，人类平等地致力于、并且团结在其关于目标的概念上（与其同伴一起追求知识与正义），而非仅仅是为了生存。"② 法实证主义只认可法律体系具有生存这一目标，而不认可具有其他目标，在哈特版的自然法理论中，法律体系除了具有生存这一目标之外，还应具有其他目标。但是，菲尼斯通过梳理阿奎那的理论后指出，哈特对自然法的这一理解亦属误读："可以肯定的是，古典自然法理论家都将下面这一点视为理所当然的并且经常相当坦率地宣称，人类并不都同样致力于对知识或正义的追求，更不会团结在他们有关重要知识或某项正义要求之构成部分的观念之下。"③

不难看出，菲尼斯在反驳法实证主义对自然法的误读时，尽管没有刻意区分古典自然法传统与现代自然法传统，但他明显是以前者为理论资源的。因此，也可以说，菲尼斯从积极方面肯定了以亚里士多德和阿奎那为代表的古典自然法传统。那么，他对阿奎那以后的由格劳秀斯等人开启的现代自然法传统又是作何理解的呢？与批评法实证主义对自然法的误读的写作逻辑相类似，菲尼斯在理解现代自然法传统时，也选取了这一传统的主要批评者休谟的理论为参照。

二、解析休谟对现代自然法传统中义务理论的批评

菲尼斯对自然法理论史的理解的第二个方面，是从解析休谟对现代自

---

① John Finnis, *Natural Law And Natural Rights*, Clarendon Press, 1980, p. 29.

② ［英］哈特：《法理学与哲学论文集》，支振锋译，法律出版社 2005 年版，第 87 页。

③ John Finnis, *Natural Law And Natural Rights*, Clarendon Press, 1980, p. 29.

然法传统中义务理论的批评这一点展开的。为此，需要先行介绍现代自然法传统中的义务理论以及休谟对其的批评，然后再论述菲尼斯的相关立场。

（一）现代自然法传统中的义务理论

在梳理现代自然法传统中的义务理论时，菲尼斯展现了苏瓦雷茨（1548—1617）、瓦斯奎茨（1549—1604）、格劳秀斯（1583—1645）、克拉克（1675—1729）这样一条理论线索。

作为从古典自然法传统向现代自然法传统过渡的重要人物，苏瓦雷茨、瓦斯奎茨的伦理学理论与亚里士多德、阿奎那的伦理学理论有着根本性质的不同，其中的一个重要表现就是义务问题。阿奎那将义务视为服务于某一特定种类的目的或目标的某些手段的理性要求（rational necessity）。[①] 苏瓦雷茨和瓦斯奎茨则认为“义务本质上是优势者意志行为的结果，而取向于驱动劣势者的意志。”[②] 在这种意义上，他们被称之为唯意志论者。

格劳秀斯接受了苏瓦雷茨和瓦斯奎茨的义务观。尽管格劳秀斯没有明确地阐述义务问题，但是他的方法却预示了后来的神学哲学家所奉为标准的答案——“正确与错误取决于事物的性质，而不取决于上帝的命令；但是道德正确和错误的规范性或驱动性意义，特别是有关正确与错误之规范的义务性质（obligatoriness），却在根本上取决于这样一条表达上帝意志的命令，即为正确之事（作为一项义务）、不为错误之事（也作为一项义务）。”[③]

对于格劳秀斯提出的这样一个双层命题，克拉克拒绝了它的后一部分，即否认优势者的意志或命令可以解释义务的问题，但同时又保留了前一部分，以至于克拉克用前一部分即事物的性质来对义务作出解释。在菲尼斯看来，下面这段话可以作为克拉克论证义务之所以存在的论据：

正如“一个进行数学运算的人无知地相信二乘二不等于四或者违背他自己清晰的知识而故意地和固执地认为整体不等于部分之和这一点是荒

---

① John Finnis, *Natural Law And Natural Rights*, Clarendon Press, 1980, pp. 45 – 46.

② John Finnis, *Natural Law And Natural Rights*, Clarendon Press, 1980, p. 45.

③ John Finnis, *Natural Law And Natural Rights*, Clarendon Press, 1980, p. 44.

谬可笑的那样”，以下的做法也是“荒谬的并应受指责的”——“随意误解明显的正确与错误，即从道德上将事物之比例关系理解为它们所不是的东西；或者故意违反公认的正义与衡平，即意图使事物变为它们所不是也不可能是的东西。”[①]

克拉克的义务观认为，可以从必然而永恒的理性与事物之比例关系二者出发推导出道德的原初义务。[②] 也即：“这些永恒而必然的事物之差异会使得如此行为对创造物而言是适宜的和合理的；它们使得如此行为成为了创造物的义务（duty），或者说是向创造物施加了一项如此行为的义务（obligation）。”[③] 由此可见，克拉克将义务问题视为与人类智识相同的问题，认为义务实质上就是避免智识上的不一致的问题。这一义务观被菲尼斯视为现代自然法传统论述义务问题的一个范本。

（二）休谟的批评

按照菲尼斯的理解，克拉克的上述义务观遭到了休谟的强烈批评。有趣的是，菲尼斯的这种理解是建立在对理论史上休谟广受引用的一段话的重新理解的基础上的。这段话就是：

> 在定我所遇到的每一个道德学体系中，我一向注意到，作者在一个时期中是照平常的推理方式进行的，确定了上帝的存在，或是对人事作了一番议论；可是突然之间，我却大吃一惊地发现，我所遇到的不再是命题中通常的“是”与“不是”等联系词，而是没有一个命题不是由一个“应该”或一个“不应该”联系起来的。这个变化虽是不知不觉的，却是有极其重大的关系的。因为这个应该或不应该既然表示一种新的关系或肯定，所以就必须加以论述和说明；同时对于这种似乎完全不可思议的事情，即这个新关系如何能由完全不同的另外一些关系推出来的，也应当举出理由加以说明。不过作者们通常既然不是这样谨慎从事，所以我倒想向读者们建议要留神提防；而且我

---

① John Finnis, *Natural Law And Natural Rights*, Clarendon Press, 1980, p. 40. D. D. Raphael (ed.), *British Moralists*1650 – 1800, Oxford University Press, 1969, para. 232.

② John Finnis, *Natural Law And Natural Rights*, Clarendon Press, 1980, pp. 38 – 39.

③ D. D. Raphael (ed.), *British Moralists*1650 – 1800, Oxford University Press, 1969. para. 225. See John Finnis, *Natural Law And Natural Rights*, Clarendon Press, 1980, p. 39.

相信，这样一点点的注意就会推翻一切通俗的道德学体系，并使我们看到，恶和德的区别不是单单建立在对象的关系上，也不是被理性所察知的。①

围绕这段经典文字，理论史上产生了许多理解，其中有两种最为基本。一种比较普遍的理解是，休谟宣布了这样一条逻辑真理，即非道德性前提不能得出道德性结论，这种理解代表了对休谟上述文字的标准解释，即所谓的“休谟问题”。在这样一种理解之下，休谟的理论不论是对古典自然法传统，还是对现代自然法传统，均构成了沉重的打击。②

但是，对休谟这一段文字，还存在着第二种理解，在它看来，休谟认为有关具有道德属性的行为的理性认识本身不能给行为提供驱动性的引导（motivating guide）。③ 这种理解与第一种理解的区别在于：第一种理解与人的行为并没有联系，它只是在论述两种不同性质的命题之间的关系；第二种理解则与人的行为具有紧密的内在联系，它的意思是说，认识到行为的道德属性是一回事，但是否受此约束而去从事相关的行为则是另外一回事，前者与后者并没有必然联系。

究竟哪一种理解才能代表休谟的原意呢？菲尼斯认为：由于休谟不区分“强制的”（forcible）与“义务的”（obligatory），也不区分应当（ought to）驱动意志的事物与必然（must）［即“必定会”（necessarily does）］驱动意志的事物，所以，对休谟的第一种理解并不符合休谟的原意。④ 他甚至指出，休谟本人就经常违反“是”与“应当”无法相互推导这一命题。⑤ 同时，还应注意到，休谟说：“认识德是一回事，使意志符合于德又是一回事。”⑥ 因此，菲尼斯同意对休谟的第二种理解。进一步地，他主张将休谟的这段话放在其历史和文本语境中加以考察；在研究这段话在

① ［英］休谟：《人性论》（下册），关文运译，商务印书馆 1980 年版，第 509—510 页。

② 陈景辉：《法律的界限：实证主义命题群之展开》，中国政法大学出版社 2007 年版，第 26—28 页。

③ John Finnis, *Natural Law And Natural Rights*, Clarendon Press, 1980, p. 37.

④ John Finnis, *Natural Law And Natural Rights*, Clarendon Press, 1980, p. 41.

⑤ John Finnis, *Natural Law And Natural Rights*, Clarendon Press, 1980, pp. 37 – 38. Fn43.

⑥ ［英］休谟：《人性论》（下册），关文运译，商务印书馆 1980 年版，第 505 页。

《人性论》中所处位置的相关篇章①以及休谟的其他文字之后，他认为，这段话是一段论战性文字，其主要批评对象就是上述克拉克的义务观。休谟认为，仅仅达成了智识上的一致并不足以决定人能够按照智识而行为，正所谓“认识德是一回事，使意志符合于德又是一回事”②。在否认了克拉克的义务观之后，休谟认为，义务是独特的情感问题，或者在本质上与情感有关。③

（三）菲尼斯的立场及对现代自然法传统的评价

针对休谟对克拉克义务观的批评，菲尼斯的立场又是什么呢？通过对菲尼斯立场的分析，可以看出他对现代自然法传统的基本态度。总的来说，他既不赞成克拉克的义务观，又不赞成休谟的义务观。

在菲尼斯看来，克拉克的上述论证实质上是混淆了两类性质不同的事务。前一类事务不涉及人的利益，而后一类事务涉及人的利益。在不涉及人的利益的事务中，人的错误行为是没有意义的，也不能给人带来利益；而在涉及人的利益的事务中，人的错误行为往往是出于利益的考量，而使人作出违反正义与衡平的选择。因此，不能将前一种事务中人的行为理由类推适用到后一种事务中人的行为理由之上，而义务问题就是一个寻找行为理由的问题。

菲尼斯进而认为，要在后一种事务中寻找义务存在的证据，就是要展现明知某一行为会损害人的利益时而依然这样行为的意义。但是，法律之所以将某一行为方式规定为义务，就法律一词的中心情形而论，必定是因为该种行为方式构成了人们幸福的一个方面，因而也就构成了人们的另外一种利益。换句话说，按照某一义务而行为，很可能损害人们的某种利益，但却有利于人们的另一种利益，而且后者比前者更为根本。在这种意义上，由于克拉克没有注意到后者的存在（从根本上讲，这是因为克拉克根本没有注意到上述两种事务之间的区别），所以他无法从“按照某一行为方式而行为是合理的、正义的”这一判断推导出“该行为方式因而是必须的”这一判断，换句话说，他就不能揭示义务的正当性基础。

从菲尼斯对克拉克的批评不难看出，他同意休谟对克拉克的批评；但是，从他的义务理论来看，他并不接受休谟的义务观。与此同时，通过解

① 即“道德学”（第三卷）、“德与恶总论”（第一章）、“道德的区别不是从理性得来的”（第一节）。

② ［英］休谟：《人性论》（下册），关文运译，商务印书馆1980年版，第505页。

③ John Finnis, *Natural Law And Natural Rights*, Clarendon Press, 1980, p. 48.

析休谟对现代自然法传统中的义务理论的批评，也可以看出菲尼斯对这一传统所持有的消极评价这一总体倾向。

三、论证“是”与“应当”无法相互推导

上文从批评法实证主义对自然法的误读和解析休谟对现代自然法传统中义务理论的批评这两个方面梳理了菲尼斯对自然法理论史的理解。大概地讲，他对古典自然法传统和现代自然法传统分别采取了一扬一抑的态度。在第二个方面的内容中，实质上还引发出另外一个与之完全不同的命题——“是”与“应当”无法相互推导。的确，正如菲尼斯所指出的那样，对休谟相关文字的第一种理解并不符合休谟的原意，因而与休谟对现代自然法传统中义务理论的批评无关。然而，这绝不意味着“是”与“应当”无法相互推导这一命题本身丧失其应有的价值；恰恰相反，这一命题标志着以亚里士多德和阿奎那为代表的古典自然法传统的基本立场，而与另外一些自然法理论的立场有异。但正是自然法阵营内部的这种复杂性，又进一步导致了各种理论对古典自然法的误读。因此，菲尼斯对自然法理论史的理解的第三个方面，就从在“是”与“应当”无法相互推导这一命题上反驳对古典自然法传统的误读这一维度下展开。

（一）《自然法与自然权利》的有关工作

在思想史上，不论是个别自然法学家，还是实证主义者，抑或是其他一些难以简单归类的法学家，都持有这样一种认识，即认为自然法尝试从“是”推导出“应当”，这一认识构成了相当一部分思想家心目中的自然法版本，支配着他们对自然法的认识。如 20 世纪的世界级法学家朱理思·斯通（Julius Stone，1907—1985）[①]，就在其专著《人类法与人类正

---

① 目前，中文世界尚无斯通教授的著述出版，但对于其“世界级”的法学家地位，已有认识。至于对其基本学术路向的认识，则或有分歧。舒国滢教授认为其属综合法学派代表人物之一，许章润教授却认为“与其说他在‘综合’什么，毋宁乃是以分析法学为器而在社会法学里起居问道，其结果，入乎其内却又出乎其外，自成一格。”对斯通学术人生的一个介绍，参见许章润：《法律理性与人类正义——对于朱理思·斯通教授聘任案的社会—学术史分析》，《比较法研究》，2000 年第 3 期。对于斯通学术路向的认识，亦参见舒国滢：《在历史丛林里穿行的中国法理学》，《政法论坛》2005 年第 1 期。

义》（Human Law and Human Justice）中认为，在自然法与法实证主义之间，存在三个决定性的议题。其中的第二个议题就是："自然法学家是否已经证明他们能从事实中推导出伦理规范?"①

菲尼斯对这个问题的回答非常直接，同时又极具震撼性："他们没有，也不需要这么做，而该理论的古典解释者也没有梦想过尝试任何这样的推导。"② 在阿奎那那里，自然法的内容主要体现为自然法诸第一原则，它们是不证自明的、不可证明的（indemonstrable）。"它们不从任何事物推论或者推导而来。它们是非经推导的（underived）。"③ 由此，菲尼斯认为，那种将阿奎那的观点解释为设想了一种从"是"到"应当"的非法推论的意见是无法得到证成的。然而，这种意见却在思想史上异常流行，甚至主导了我们对自然法的理解，这又是什么原因呢?

导致人们认为自然法含有从"是"推导出"应当"这一非法推论的主要原因有三：第一，"自然法"这一短语会导致人们作出推断认为，在自然法理论中所涉及的规范都基于有关人或其他物体本质（nature）的判断；第二，历史上的确有一些自然法理论蕴含着上述推断，如斯多葛学派和某些文艺复兴时期的自然法理论；第三，在阿奎那的理论体系中，由于类比手法的运用，导致阿奎那乐于说"人的德性也符合人的本质，而人的恶性则违背了人的本质"。④

在这三个原因之中，对第二点原因的反驳最为简单，那就是根据菲尼斯坚持的自然法没有历史这一立场，将斯多葛学派与以亚里士多德、阿奎那为代表的古典自然法传统区分开来。尽管斯多葛学派也处于古典自然法传统时期，但严格地说，它并不属于古典自然法传统；而文艺复兴时期的自然法理论则已处于从古典自然法传统向现代自然法传统过渡的转折

---

① Julius Stone, *Human Law and Human Justice*, Stanford University Press, 1965, p. 212. 另：斯通列出的另外两个议题是："自然法学家是否已经解释实在法如何仅仅因为其违背了自然法而不再是法律?""自然法学家是否有权主张他们断言为不证自明的事物也必定会被所有人承认为不证自明的?"。前一个议题实际上涉及自然法与法实证主义有关有效性概念的争论，参见本节第一部分；后一个议题涉及对基本价值不证自明性的理解，参见本书第二章第一节第二部分"基本价值的特征"的相关内容。Also see John Finnis, *Natural Law And Natural Rights*, Clarendon Press, 1980, p. 52.

② John Finnis, *Natural Law And Natural Rights*, Clarendon Press, 1980, p. 33.

③ John Finnis, *Natural Law And Natural Rights*, Clarendon Press, 1980, p. 34.

④ John Finnis, *Natural Law And Natural Rights*, Clarendon Press, 1980, p. 35.

点上。

对于第一点原因和第三点原因，菲尼斯指出："但是，事实上，阿奎那力求将他的意思、他解释的优先性秩序表达清楚。与人的本质相一致或矛盾的标准是合理性。"① 也就是说，符合人的本质是因为符合合理性，合理性优先于人的本质，而不是相反的情况。"对阿奎那而言，发现什么是道德上正确的（德性）和错误的（恶性）的方式不是追问什么是与人的本质相一致的，而是追问什么是合理的。"② 因此，自然法诸第一原则与人的本质无关，而与合理性标准有关。通过对阿奎那原意的澄清，菲尼斯论证出自然法与作为自然的 nature 和作为本质的 nature 都没有必然关系这一主张，可谓石破天惊，因为在自然法的理论史上从自然与本质出发论述自然法的做法非常普遍。

如果仅就《自然法与自然权利》一书而言，菲尼斯对"是"与"应当"无法相互推导这一命题的论述至此基本告一段落；但是，由于他的论述在这一命题与古典自然法传统之间建立起了融贯的联系，这对于批评这一命题的学者尤其是自然法学者而言，不啻为一个巨大的打击。因此，仅仅在 1980—1981 年间，就出现了两篇相关的讨论文章，它们分别是菲尼斯在圣母大学的同事、哲学教授拉尔夫·麦金纳尼（Ralph McInerny，1929—2010）的《自然法原则》一文③和美国哲学教授亨利·维奇（Henry Veatch，1911—1999）的《自然法与"是"—"应当"问题：对菲尼斯和格里茨的质疑》一文④；菲尼斯高度重视这两篇文章，分别撰写了《自然法的基本原则：对拉尔夫·麦金纳尼的回应》⑤ 和《自然法与"是"—"应当"问题：对维奇教授的邀请》⑥ 两篇文章，并将这四篇文章一并收入他主编的《自然法》（第一卷）之中，统一置于"对新古典理

---

① John Finnis, *Natural Law And Natural Rights*, Clarendon Press, 1980, p. 35.

② John Finnis, *Natural Law And Natural Rights*, Clarendon Press, 1980, p. 36.

③ Ralph McInerny, 'The Principles of Natural Law', (1980) 25*The Amrican Journal of Jurisprudence*, pp. 1 – 15.

④ Henry Veatch, 'Natural Law and the "Is" – "Ought" Question', (1981) 26 *Catholic Lawyer*, pp. 251 – 265.

⑤ John Finnis, 'The Basic Principles of Natural Law: A Reply to Ralph McInerny', (1981) 26*The Amrican Journal of Jurisprudence*, pp. 21 – 31.

⑥ John Finnis, 'Natural Law and the "Is" – "Ought" Question: an Invitation to Professor Veatch', (1981) 26*Catholic Lawyer*, pp. 266 – 277.

论的捍卫与反驳”这一标题之下。[①] 下文就以这四篇文章为依据，简要勾勒出学者们在“是”与“应当”无法相互推导这一命题上的争论，以此进一步考察菲尼斯对自然法理论史的理解。

（二）麦金纳尼与菲尼斯的论战

在《自然法原则》一文中，麦金纳尼将格里茨和菲尼斯的基本立场概括为事实与价值的二分、第一原则的前道德品性、基本价值的平等主义三点，并对三点进行了一个总体性的批评：“有关世界的知识与实践理性无关这样一种实践理性的观点很明显是一种不同于我们在亚里士多德和阿奎那那里所接触到的看法的观点。”[②] 显然，他对古典自然法传统与菲尼斯之间的思想关联持否定态度。具体到事实与价值的二分这个问题上，他认为，菲尼斯所阐述的作为实践理性不可证成之第一原则的自然法是与有关世界的知识无关的。但是，菲尼斯本人并不赞成麦金纳尼对他的理解，他认为，自己早在以知识为例来说明价值的客观性时就指出：“尽管我们知道某些‘事实’可能性是知识是一种价值这一合理判断的某种必要条件，但是这个判断本身依然不是由任何其他判断推导而来。”[③] 他否认的只是从有关世界的知识中推导出价值判断这一点，但并不否认这种知识与价值判断之间存在的相关性；在他看来，有关世界的知识不仅与实践理性有关，而且与实践理性对自身基本原则的把握有关。也正是因为这一点，菲尼斯认为自己与亚里士多德和阿奎那保持了一致，在捍卫事实与价值之二分的基础上反驳了麦金纳尼的批评。[④]

（三）维奇与菲尼斯的论战

与麦金纳尼和菲尼斯的交锋相比，维奇和菲尼斯的交锋更加全面而详尽。在《自然法与“是”—“应当”问题：对菲尼斯和格里茨的质疑》

---

① John Finnis ed., *Natural Law Volume I*. Dartmouth Publishing Company Limited, 1991.

② Ralph McInerny, ‘The Principles of Natural Law’, (1980) 25 *The Amrican Journal of Jurisprudence*, p. 11.

③ John Finnis, *Natural Law And Natural Rights*, Clarendon Press, 1980, p. 73.

④ 麦金纳尼的这一点批评可以理解为对菲尼斯本人立场的质疑，相对而言，他在第一原则的前道德品性和基本价值的平等主义这两点上所展开的批评则是以质疑菲尼斯与阿奎那、格里茨的学术关联为中心而展开的，主要涉及对阿奎那和格里茨相关文本的解读。由于本书的主题所限，对这两点批评不再涉及。

一文中，维奇认为：菲尼斯与格里茨否认道德和伦理在本质或有关本质的事实中具有任何基础，相信有一道隔离之墙将“是”与“应当”、事实与价值划分开来，坚持伦理原则在事实与本质之中不具有任何基础，认为伦理学绝对独立于形而上学或者道德绝对独立于与本质有关的知识、以致道德和伦理原则的确根本不会被视为是任何意义上的存在原则或者本质原则，将人类善视为人类爱好的目标而不是使人类完善的目的。

针对上述维奇对他的理解，菲尼斯予以一概否认——“格里茨和我都不认可上面这些否定、确认和推断中的任何一个；事实上，我们完全拒绝它们。我们没有出版任何在其语境中有可能被合理地解释为包含或者牵涉任何这样一种观点的著作。”[①] 正是由于这一原因，菲尼斯才向维奇发出了两项“邀请”——这也正是他的文章标题的意义：第一、认真阅读格里茨和菲尼斯的著作；第二，考察《自然法与自然权利》一书向那些按照维奇的方式解释阿奎那和亚里士多德的人阐述的相关重要问题。[②]

具体地说，维奇认为，菲尼斯和格里茨提出了三个论断，以表明诉诸本质从来不能为伦理和道德提供合适的支持，而他则试图缓和这三个论断的危险性。菲尼斯也在回应文章中对这三个论断一一回应，并站在古典自然法传统的伦理学立场上对维奇的基本观点进行了总体性的批判。下文就围绕“是”与“应当”无法相互推导这一命题，逐个梳理这三个论断，展现维奇与菲尼斯论战的概貌。

1. 从形而上学或哲学人类学到伦理学的不可推导性

这是第一个论断。维奇认为，当我们说不能从形而上学推导出伦理学时，其实是在“一种稍微窘迫而过于技术化的意义上”使用“推导”这一术语的，这种意义在现代逻辑中发挥作用，可能具有狭隘甚至专断的性质。对于这种意义，维奇承认他无力批评。[③]

但是，他指出，“推导”还有第二种意义，当我们说某一学科在根本上依赖于另一学科时，就相当于潜在地使用了“推导”的第二种

---

① John Finnis, ‘Natural Law and the “Is” – “Ought” Question: an Invitation to Professor Veatch’, (1981) 26 *Catholic Lawyer*, p. 266.

② John Finnis, ‘Natural Law and the “Is” – “Ought” Question: an Invitation to Professor Veatch’, (1981) 26 *Catholic Lawyer*, p. 266.

③ Henry Veatch, ‘Natural Law and the “Is” – “Ought” Question’, (1981) 26 *Catholic Lawyer*, pp. 254 – 255.

意义。比如说，亚里士多德的物理学依赖于形而上学，的确，物理学的第一原则不是“仅仅”从形而上学的第一原则推导而来，作为第一原则，物理学的第一原则被视为是不证自明的（至少从这个术语的传统意义上讲）；但是，物理学的第一原则又的确是建基于形而上学，甚至在某种意义上就是从形而上学推导而来，这种意义就是“推导”的第二种意义。[①]

因此，维奇指出：“的确，在某种意义上，我们人类的道德义务几乎不可能说是从关于人类本质的知识中仅仅‘推导而来’。但是，当菲尼斯明确认为‘任何自然法理论所涉及的规范’都不被视为‘建基于有关（人的、或其他的）本质的判断’时，他却走得太远了。”[②]

针对第一个论断——不可推导性问题，一方面，菲尼斯赞同维奇对他本人在“推导”一词用法的认识，即在“一种稍微窘迫而过于技术化的意义上”使用，他认为这种用法可以保证精确性，以兹公平对待阿奎那有关价值判断是无法证成的和当代人有关事实判断与价值判断在逻辑上的重要区别这两种主张。这种逻辑上的区别根本不是一道“隔离之墙”。[③] 另一方面，菲尼斯反对维奇给出的“推导”的第二种意义。的确，他曾经指出：“阿奎那通过对观察、记忆和经验展开有洞察力的工作遵循了亚里士多德有关不可证成之第一原则的‘归纳’理论，但是，他通过对可感知的倾向和某种有关可能性的知识展开有洞察力的工作，将上述理论拓展为对实践理性不可证成之第一原则（即自然法）的一种相应的‘归纳’。”[④] 这段话中所提及的从经验开始的“归纳”诚然可以被视为维奇的第二种意义上的推导，但是，菲尼斯反对这种理解，他更愿意将“推导”的含义限制在从某一命题或原则向另一命题或原则推理的意义上。[⑤]

---

① Henry Veatch, ‘Natural Law and the “Is” – “Ought” Question’, (1981) 26 *Catholic Lawyer*, pp. 255 – 256.

② Henry Veatch, ‘Natural Law and the “Is” – “Ought” Question’, (1981) 26 *Catholic Lawyer*, p. 256.

③ John Finnis, ‘Natural Law and the “Is” – “Ought” Question: an Invitation to Professor Veatch’, (1981) 26 *Catholic Lawyer*, pp. 267 – 268.

④ John Finnis, *Natural Law And Natural Rights*, Clarendon Press, 1980. p. 77.

⑤ John Finnis, ‘Natural Law and the “Is” – “Ought” Question: an Invitation to Professor Veatch’, (1981) 26 *Catholic Lawyer*, p. 268.

2. 道德和伦理原则在任何意义上都根本不会被视为是有关存在或本质的原则

这是第二个论断，也即道德和伦理原则与作为自然的 nature 和作为本质的 nature 都没有必然关系。维奇认为，这一论断中，菲尼斯和格里茨也许误解了诸如“人的本质”或“事物的本质”等表达中的“本质”的意义，进一步地，这一论断因而被用来表明下面这一点，即任何从本质推导出道德或伦理的努力都不可避免地蕴涵了由“是”推导出“应当”这一谬误。[①] 当然，需要注意的是，维奇在称由“是”推导出“应当”是一种谬误时，很明显是在他自己对“推导”作出的第一种理解的意义上讲的。

之所以说菲尼斯误解了“本质”的意义，是因为他所批评的自然法道德家以一种纯粹静态的方式来观察人类本质，这种方式是一种几何学模式。亚里士多德认为，几何学模式只能适合于用来考察数学对象（如矩形、圆形、三角形）的本质，因为这些对象完全是静止的，不会有任何变化或发展。[②] 如果将这种几何学模式运用于观察人的本质，那就会得出这样的结论：“由于用四肢走路是违背人的本质的，所以一个人若用四肢走路就是错的”；“由于根据某种既定的、静态的人类本质的标准，某些性行为是异常的或不合情理的，所以一个人若进行这些性行为就是错的。”[③] 显然，这种从“是”到“应当”的推论是不成立的。维奇指出，如果他的上述理解是正确的，那么上面这种不成立正好就是格里茨和菲尼斯对自然法思想家的批评。对于这种批评，维奇是完全赞成的。[④]

然而，维奇认为，用几何学这种静态模式来观察人的本质这种做法本身就是错误的。这是因为变化与人的本质有关，而与几何图形无关。一个人不仅是在变化和发展着的人，而且还具有下面这一种本质，即他要为他本可能是什么或本可能不是什么负责。结果，人很少成为他们应当成为的

---

① Henry Veatch, 'Natural Law and the "Is" – "Ought" Question', (1981) 26 *Catholic Lawyer*, p. 256.

② Henry Veatch, 'Natural Law and the "Is" – "Ought" Question', (1981) 26 *Catholic Lawyer*, pp. 256 – 257.

③ Henry Veatch, 'Natural Law and the "Is" – "Ought" Question', (1981) 26 *Catholic Lawyer*, p. 257.

④ Henry Veatch, 'Natural Law and the "Is" – "Ought" Question', (1981) 26 *Catholic Lawyer*, p. 257.

样子，因此，事实上也很少具有他们对其具有道德责任的人的形象。[①]

至此，某种“应当”已经被直接引入到了对人和人的本质的解释之中。菲尼斯和格里茨再也不能说这种从“是”到“应当”的引入是通过一个非法过程实现的。相反，人类本质这个“是”已经表明了将某种“应当”深植于其中。正是因为“应当”已经被“是”所包含，所以休谟所批判的由某物就其本质而言是什么到它应当是什么这一推论才是一个虚假的推论，真正的推论要从一个更为丰富的、关于人类本质这个“是”的观念开始。虚假的推论以物为前提，而真正的推论以人为前提。[②]

那么，菲尼斯与格里茨究竟是采取哪种模式来理解人的本质的呢？由于菲尼斯与格里茨自称是亚里士多德和阿奎那的继承者，所以他们不可能以几何学模式来理解人的本质。既然如此，他们只可能以动态模式来理解人的本质，而一旦这样，与非法推论有关的困境就消失了。[③] 当然，要注意到推论的真正前提是已经包含了“应当”的“是”这一点。

针对第二个论断，菲尼斯认为：“在不参考一个人应当是什么，或者不参考那种本质性目的、实现、善的条件下，不可能确定一个人是什么。”[④] 因此，他同意维奇的这一主张——人类本质这个“是”已经表明了将某种“应当”深植于其中。所以，菲尼斯承认：“可能会给读者留下这样的印象，即可以仅仅在爱好这种经验中发现对一个人本质的相关理解。”[⑤] 但是，他随后立即指出：“这样一种印象是不正确的和非托马斯主义的。”[⑥] 因为他认为：“但是，再一次地，并不存在任何推导的过程。一个人并未判断‘我有一种查明事物的爱好’，进而因此推断出‘知识是一种值得追求的善’。相反，通过一个简单的非推导性理解的行为，一个人

---

① Henry Veatch, ‘Natural Law and the “Is” – “Ought” Question’, (1981) 26 *Catholic Lawyer*, pp. 257 – 258.

② Henry Veatch, ‘Natural Law and the “Is” – “Ought” Question’, (1981) 26 *Catholic Lawyer*, pp. 258 – 259.

③ Henry Veatch, ‘Natural Law and the “Is” – “Ought” Question’, (1981) 26 *Catholic Lawyer*, p. 259.

④ John Finnis, ‘Natural Law and the “Is” – “Ought” Question: an Invitation to Professor Veatch’, (1981) 26*Catholic Lawyer*, p. 270.

⑤ John Finnis, ‘Natural Law and the “Is” – “Ought” Question: an Invitation to Professor Veatch’, (1981) 26*Catholic Lawyer*, p. 271.

⑥ John Finnis, ‘Natural Law and the “Is” – “Ought” Question: an Invitation to Professor Veatch’, (1981) 26*Catholic Lawyer*, p. 271.

理解到，他所体验的爱好的客体是某种善的一般形式的一个实例。”[①] 所以，即便菲尼斯同意维奇有关人类本质的理解，但也不意味着他认为可以从有关人类本质的事实判断推导出有关人类应当如何行为的价值判断。

3. 游叙弗伦测验

第三个论断认可了在实践科学与理论科学之间予以亚里士多德式的区分的必要性，这么做是为了维持本质与规范的分离。维奇赞同这个论断，但是认为菲尼斯和格里茨在这个论断上走得太远了。[②]

具体地说，与实践科学和理论科学的区分相对应的，是实践理性和理论理性的区分。根据格里茨的翻译，在阿奎那那里，实践理性的第一原则是行善避恶。问题的关键在于如何理解行善避恶。的确，作为不证自明的第一原则，行善避恶不能被证明，但是，不能被证明不等于说不能被阐明和解释，否则就无法让人理解。而要理解这一原则，就需要对“善”与“恶”等术语作出进一步的说明。格里茨并未否认对“善”予以解释的必要性，他认为，可以根据目的的观念来理解善的观念。到此为止，格里茨的观点以及他对阿奎那所作的解释都是正确的。但是，在将善理解为欲望的客体之后，格里茨却止步不前了，而阿奎那并没有止步不前。为什么不能止步不前呢？因为如果将善理解为某种欲望的客体，就可能导致一个很危险的混淆。[③] 思想史上对这种混淆的最初论述，可以追溯至柏拉图的《游叙弗伦》，在其中，苏格拉底提出了这样一个问题：“是由于受到了神的钟爱某物才是善的呢，还是由于它是善的才受到了神的钟爱?”[④] 维奇认为，对这个问题的思考有助于解释上述混淆，因此将这个问题称为“游叙弗伦测验”。[⑤]

---

① John Finnis, *Natural Law And Natural Rights*, Clarendon Press, 1980, p. 34.

② Henry Veatch, ‘Natural Law and the “Is” – “Ought” Question’, (1981) 26 *Catholic Lawyer*, pp. 259 – 260.

③ Henry Veatch, ‘Natural Law and the “Is” – “Ought” Question’, (1981) 26 *Catholic Lawyer*, pp. 260 – 261.

④ Henry Veatch, ‘Natural Law and the “Is” – “Ought” Question’, (1981) 26 *Catholic Lawyer*, p. 262. 另：这里的译法是根据维奇的转述翻译的，在《游叙弗伦》中，原文为：“虔敬是否因其为虔敬而见喜于神，或者因其见喜于神而为虔敬。”［古希腊］柏拉图：《游叙弗伦 苏格拉底的申辩 克力同》，严群译，商务印书馆 1983 年版，第 25 页。

⑤ Henry Veatch, ‘Natural Law and the “Is” – “Ought” Question’, (1981) 26 *Catholic Lawyer*, pp. 261 – 262.

他指出，如果认为某物是因为受到了神的钟爱才是善的，其结果就是没有任何事物真正是善的，某物之所以是善的，只是因为它是人欲望的客体。而如果这样理解行善避恶这一原则，只能最终导致这一原则的分解，因为善与恶的含义完全相对化了。[①] 对上述理解的这种批评正好对应着康德对所有享乐主义和据说是目的论的伦理学的批评。康德认为，由某人在本性上倾向于某物或者发现该物是满足、幸福或满意之源这一点，并不能推导出应当追求、珍爱或喜欢该物这一点。如果进行了这样的推导，那就是犯了一个由“是”推导出“应当”的逻辑谬误。[②]

由于格里茨事实上没有进一步回答游叙弗伦测验，所以维奇只能因循格里茨的逻辑设想格里茨的答案。维奇认为，格里茨最终还是选择了第一种答案，即认为某物之所以是善的只是因为它是人欲望的客体。[③] 但一旦如此，格里茨就难以捍卫阿奎那提出的实践理性的第一原则。因此，维奇指出，必须对善的意义重新理解：“它必须被理解为这样一种意义，即说它们是爱好的客体的意思是指，我们应当喜爱作为事物的它们，而不论我们事实上是否喜爱它们。这又意味着善就是客观上所是的善，或者就是善本身，而与人们追求它们无关，也与人们是如何正好感受到它们的无关。”[④]

与格里茨相反，阿奎那选择了游叙弗伦测验的第二种答案，并将善理解为一种存在。相应地，“人们可以说圣·托马斯将善界定为并确定为存在，并不是那种被追求的事物，而是那种值得追求或者应当被追求的事物。”[⑤]

针对第三个论断，菲尼斯的回应较为简单——他实际上在他与格里茨之间划出了一道界限，他鲜明地选择了游叙弗伦测验的第二种答案，而与阿奎那保持了一致。[⑥] 因此，维奇对格里茨的批评不能转嫁到菲尼斯

① Henry Veatch, ‘Natural Law and the “Is” – “Ought” Question’, (1981) 26 *Catholic Lawyer*, p. 262.

② Henry Veatch, ‘Natural Law and the “Is” – “Ought” Question’, (1981) 26 *Catholic Lawyer*, p. 262.

③ Henry Veatch, ‘Natural Law and the “Is” – “Ought” Question’, (1981) 26 *Catholic Lawyer*, p. 262.

④ Henry Veatch, ‘Natural Law and the “Is” – “Ought” Question’, (1981) 26 *Catholic Lawyer*, pp. 262 – 263.

⑤ Henry Veatch, ‘Natural Law and the “Is” – “Ought” Question’, (1981) 26 *Catholic Lawyer*, p. 263.

⑥ John Finnis, ‘Natural Law and the “Is” – “Ought” Question: an Invitation to Professor Veatch’, (1981) 26 *Catholic Lawyer*, pp. 268 – 269.

头上。

但是，维奇在游叙弗伦测验中涉及了理论理性与实践理性的划分，在他看来，只有先依靠思辨理性确定人类善，才谈得上依靠实践理性实现人类善的问题。从其文章来看，这个观点虽然并不是他为菲尼斯给出的三个论断之一，但却在整篇文章中占据着一种总结性的地位。① 而正是在思辨理性与实践理性的关系这一问题上，菲尼斯认为关于诸如人应当是什么这类判断主要是实践理性或实践科学的判断，维奇则认为它们是不同于实践判断的理论判断。② 因此，与维奇在其批评文章中赋予思辨理性与实践理性之关系这一问题的地位相对，这里简要介绍一下菲尼斯的相关回应。

他指出，在阿奎那那里，人类理性只有一种，人类理智的能力只有一种，思辨理性与实践理性的区别只是同一种理性在不同对象上的运作的区别。此外，阿奎那所使用的“思辨”与“实践”都是类比意义上的术语，在理论上存在纯思辨和纯实践理智活动的情形，但在实践中许多推理既是思辨的，又是实践的。③

菲尼斯认为：“看上去只有在一个人考虑成为什么、拥有什么和从事什么是善的因而拥有什么、从事什么和成为什么是有价值的时候，他才实现了对人类善和人拥有什么、从事什么和成为什么是有价值的这两点的主要理解。”④ 因此，对人类善和人类实现的主要理解是实践性的。因此，“阿奎那和亚里士多德似乎都没有采取维奇的观点，即只有在先对人类目的和人类善予以理论确定之后，伦理学和政治学的实践部分方才开始。在他们看来，伦理学和政治学是实践性的——从它们的第一原则到它们对行动与动机的具体建议，更不用说在你和我此时此刻所作出的选择中的适用了。”⑤

---

① Henry Veatch, ‘Natural Law and the “Is” – “Ought” Question’, (1981) 26 *Catholic Lawyer*, p. 264.

② John Finnis, ‘Natural Law and the “Is” – “Ought” Question: an Invitation to Professor Veatch’, (1981) 26*Catholic Lawyer*, p. 272.

③ John Finnis, ‘Natural Law and the “Is” – “Ought” Question: an Invitation to Professor Veatch’, (1981) 26*Catholic Lawyer*, p. 272.

④ John Finnis, ‘Natural Law and the “Is” – “Ought” Question: an Invitation to Professor Veatch’, (1981) 26*Catholic Lawyer*, p. 272.

⑤ John Finnis, ‘Natural Law and the “Is” – “Ought” Question: an Invitation to Professor Veatch’, (1981) 26*Catholic Lawyer*, p. 274.

通过批评法实证主义对自然法的误读、解析休谟对现代自然法传统中义务理论的批评，以及站在古典自然法传统的立场上坚持“是”与“应当”无法相互推导这一命题，菲尼斯展开了对自然法理论史的理解，并且在此过程中表明了甚至论证了自己在相关问题上的基本立场。当然，菲尼斯的上述理解只是构成了他的自然法理论的渊源，而非其自然法理论本身。但对这些渊源的深刻理解，无疑有助于理解、研究菲尼斯的自然法理论。

第二章　基本价值理论与实践合理性的基本要求

《自然法与自然权利》的第一部分，可以被视为是菲尼斯对其自然法理论背景与渊源的论述，以这些论述为前提，菲尼斯在该书的第二部分全面阐述了自己的自然法理论。他的自然法理论的出发点是他有关人类存在的基本价值理论，该理论包含三个层面的基本内容：基本价值与基本实践原则的意义；这些价值与原则是如何进入有关行动的良好理由的任何考虑和有关人类行为的任何完整的描述的；说这些基本价值是显而易见的（obvious）、不证自明的（self – evident）、甚至是无可非议的（unquestionable），其意义何在。[①] 我认为，在这三个层面的内容中，第二层面的内容相对于菲尼斯对自然法理论史的理解而言，具有一种承上启下的地位。正是因为菲尼斯不满意以往的自然法理论对义务问题的回答，才促使他研究如何才能为行动提供良好理由这一问题；而他的答案正是建立在其基本价值的理论体系之上的，从而进入了第一层面和第三层面的内容。同时，需要注意的是：菲尼斯的自然法理论与其伦理学理论有着异常紧密的联系，这种联系表现为基本立场的高度衔接，正是这种意义上，几乎可以将这两种理论相等同。[②] 但是，也应注意到，这两种理论毕竟各有侧重、具体内容并不完全一致，在《自然法与自然权利》之中，菲尼斯的伦理学立场及理论只是构成了其自然法理论不可或缺的知识背景，但并没有得到明确而充分的澄清；事实上，他在出版《自然法与自然权利》三年后，才出版了阐述其伦理学理论的专著《伦理学基础》。[③] 基于上述原因，本书在

① John Finnis, *Natural Law And Natural Rights*, Clarendon Press, 1980, p. 59.

② John Finnis, *Natural Law And Natural Rights*, Clarendon Press, 1980, p. v.

③ John Finnis, *Fundamentals of Ethics*, Clarendon Press, 1983.

论述菲尼斯的自然法理论的同时，将因循其内在逻辑不时涉及《伦理学基础》的相关内容。

第一节　基本价值

一、基本价值与对基本价值的理解

尽管在菲尼斯对其基本价值理论的三个层面的分析中，第二层面在自然法理论史的意义上具有一种相对于另外两个层面的逻辑上的优先性，但是，就菲尼斯自然法理论的体系本身而言，却是首先从第一层面和第三层面开始展开的。

（一）基本价值的意义

在菲尼斯看来，人类存在的基本价值有七种：生命、知识、游戏、审美体验、社交（友谊）、实践合理性和“宗教”。作为基本价值，人对其的追求是无休止的。之所以是无休止的，是因为菲尼斯不是将价值视为某种具体的目标，而是将其视为善（good）的一般形式，人可以在无限繁多的场合中从无限繁多的方面去参与（participate）它们。正是在这种意义上，菲尼斯在保留“good”既指涉某种具体的目标又指涉善的一般形式这两种含义的同时，专用“价值”（value）一词指涉后者。菲尼斯这种用法也影响到了本书的用法：我也在上述两种意义上使用“善”一词，当然，在绝大多数情况下，我使用“善”的第二种意义，也即与“价值”相等同。

进一步地，正是因为人追求“价值”的无休止性，使得菲尼斯将这种追求称为“参与”，而非“达到”（attaiin）或“完成”（finish）。按照悉尼大学讲师艾琳·奥康奈尔（Irene O'Connell）对菲尼斯的理解，“价值是在人类活动的目的中被发现的。人类活动的目的是这样一种状态和活动，它们本身就是有价值的，我们对这些状态和活动的参与使我们得以完善。”① 进一步地，由于个体选择的自由性与生命的有限性，人可以而且

① Irene O'Connell, ‘Self - Evidence in Finnis’ Natural Law Theory: A Reply to Sayers’, *Australia Journal of Legal Philosophy*, 2000, (25), pp. 111 - 112.

必须在参与上述七项基本价值的过程中，根据个体的实际情况对它们进行具有优先性的选择，正是在这种意义上，基本价值构成了人类机会（opportunities）的范围，这就是菲尼斯不时使用的“机会”这一重要概念的含义。

（二）对基本价值的理解

对上述七种基本价值的理解，构成了基本实践原则。譬如，“知识是值得拥有的事物”[①]，这就是一条基本实践原则。需要强调的是，对基本价值的“理解”这一概念，被菲尼斯赋予了特定的意义，它是指人作为行动主体认识到基本价值之于人的行动的意义进而去追求基本价值，而不是指人认识到基本价值本身的特征；这里论述的是前者，对于后者，将在本节第二部分论述。

1. 实践理解行为

菲尼斯将对基本价值的理解称之为“实践理解行为”（the acts of practial understanding），通过这种行为，人们得以把握人类存在的基本价值和所有实践推理的基本原则。[②] 他以知识为例，通过澄清在实践理解行为中处于核心地位的欲望与理解的关系，具体说明了实践理解行为的意义。

对知识这种基本价值的理解，意味着人认识到知识的价值进而去追求知识。菲尼斯认为，人追求知识具有两种方式：一种是工具性追求的方式，即基于追求某一知识是为了解决某一问题或者追求其他知识这种欲望而追求某种知识；一种是出于好奇而追求的方式，即不带任何工具性目的而是纯粹基于追求真理和避免无知这种欲望去追求知识。这两种追求知识的方式绝非对知识领域的一种分类——在追求任何一种知识的过程中，都可以存在这两种方式，它们既可以同时存在，也可以分别独立存在。尤其是可以纯粹地出于好奇而追求知识，在这种过程中追求者不具有任何工具性目的。初看上去，我们对此难免产生怀疑；而菲尼斯就此的进一步论

---

① 本句英文为“Knowledge is something good to have.”遍查英语词典，“good”一词尽管义项繁多，但是并没有“值得的”这一直接含义。但是，由于菲尼斯对“good”作出了一种“value”的解释，所以，在这句基本实践判断中，将“good”译为“值得”是合适的；同时，菲尼斯在其他地方的用法也表明，此处“good”与“worth（worthwhile）”同义。

② John Finnis, *Natural Law And Natural Rights*, Clarendon Press, 1980, p. 59.

述，则可以帮助我们消除疑虑，进而理解在追求知识这种实践理解行为中欲望与理解的关系。

菲尼斯认为：“好奇是这样一种名称，用来表示当我们仅仅是为了要了解而希望探究某物时所拥有的欲望、爱好或能感觉到的需要……当然，通常，问题的提出并不伴随着任何特定的感觉状态……通常，在获得关于某一问题的真理的过程中，一个人对知识的兴趣并不受最先激发他的探究欲望的具体问题所限制。只有通过某种反思性努力，一个人才乐于注意到这种转变，而知识是一种值得拥有的事物（而不仅仅是由于它的效用）这一点就一目了然了，它不局限于到现在为止激发人的好奇的那些主题。在向自己和他人解释他所正在从事的事情的时候，一个人发现自己能够而且乐于将探究的结果、知识和真理作为他的活动、计划、承诺的意义的充足解释。”①

这里之所以大幅引用菲尼斯这段话，是因为在我看来，它体现了菲尼斯在《自然法与自然权利》中有关欲望与理解之关系的基本看法，可以从中梳理出几个要点：第一，好奇是一种欲望，但却不伴随任何特定的感觉状态；第二，尽管好奇是一种欲望，但人对基本价值的追求并不受它的限制，也就是说，理解并不受欲望的限制；第三，基本价值之所以成为基本价值，乃是由于它本身就能为人的行动提供理由，而不是由于其他任何原因。我认为，这三个要点已经基本体现了菲尼斯在欲望与理解之关系这一问题上的基本立场，并且也预示着他对基本价值之不证自明性和普遍性的看法。

但是，也必须承认，他的上述立场在《自然法与自然权利》中尚未得以充分的澄清和展开，这些立场的进一步发展体现在了《伦理学基础》之中。在后一本书中，他将欲望与理解的关系纳入到了实践推理的视角下来考察。

2. 实践推理

事实上，在《自然法与自然权利》之中，菲尼斯已经大量地运用了实践推理。既然基本实践原则体现了我们对基本价值的理解，任何这样一种理解都为有关将要从事何种行为的推理提供出发点，而这种推理就是实

---

① John Finnis, *Natural Law And Natural Rights*, Clarendon Press, 1980, pp. 60 - 61.

践推理。[1] 因此，也可以说，实践原则与其他因素结合在一起构成了实践推理模式，构成了人们行动的指南。菲尼斯认为："即使在没有事先推理就从事某种行为的情况下，一般也能重构作出这种行为的理由。因此，对实践推理之逻辑的反思可以帮助我们理解实践合理性。但是，对这种逻辑的研究本身却极大地依赖于对实践理解行为的某种理解。"[2] 也就是说，在人的相关行为中，反思性地蕴含着实践推理，这决定了实践推理在菲尼斯的自然法理论中具有非常重要的地位。

但是，在《自然法与自然权利》中，菲尼斯并未专门论述实践推理本身的问题，而是将其作为一个预设的推理模式加以运用。他只是举了下面这个实践推理的例子并予以简单说明："（1）查明有关所谓的自然法原则的真理是有价值的；（2）批判性地阅读本书看上去可以帮助我查明我想在这些问题上查明的东西；（3）所以，尽管它单调乏味，我将读完全书并仔细考虑其主要论点。"[3] 在第（1）点和第（2）点这两个前提中，前者是一条实践原则，后者是一个经验判断，两者结合在一起推导出了第（3）点结论。同时，由于第（1）点已经是"知识是值得拥有的事物"这一基本实践原则的具体化，因而只是一条具体的实践原则，而非基本实践原则。进一步地，具体的实践原则不是由基本实践原则"适用"（applied）和推导而来的，而是基本实践原则的"例证化"（instantiated），构成了现实的实践推理的前提；因此，基本实践原则几乎不在现实的实践推理中作为前提发挥作用。

在《伦理学基础》第二讲"欲望、理解与人类善"的第二节"欲望与理解"这一标题之下，在回顾了20世纪英国哲学界围绕实践推理的起点究竟是推理者的需要还是被需要的事物这一问题所展开的争论之后，菲尼斯指出："我并未质疑感觉、情感、爱好、作为被感觉到的需要的欲望等因素的存在或心理学上的重要性。相反，我要说的是，第一，在那些被考虑的情形（它们充斥于我们的日常生活）中，在不参考有关（1）如实践可能性这些因素和（2）那些如'机会'这种获得善的某种形式的可能性的相关观念的情况下，甚至不能识别感觉、情感、爱好与'欲望'。第

---

① John Finnis, *Natural Law And Natural Rights*, Clarendon Press, 1980, p. 63.

② John Finnis, *Fundamentals of Ethics*, Clarendon Press, 1983, p. 30.

③ John Finnis, *Natural Law And Natural Rights*, Clarendon Press, 1980, p. 63.

二，我要说正是这些观念为你的行动提供了理由，它们不仅引导着你，而且驱动着你。”① 将这段话与前引《自然法与自然权利》的那段话两相比较，不难发现，在这段话中，菲尼斯继认为理解不受欲望的限制之后，进一步认为对基本价值的理解是识别感觉与欲望的条件。

因此，菲尼斯才认为对人将要从事何种行为这一问题的回答不是通过指出人的某些感觉状态、情感或欲望来实现的，而是通过将这种行为置于某一使其可以被理解为一种机会（即一种善）的表述之下来实现的。② 把人将要从事的行为置于上述表述之下的过程，就是一个实践推理的过程。

在菲尼斯看来，理性之所以是实践的，首先是因为它能识别值得欲求的物（the desirable），而不仅仅是因为它能设计追求欲望（desire）的可理解的方式。他严格区分了值得欲求的物与欲望，欲望独立于并先于人的理解活动，而值得欲求的物则体现了人对基本价值的理解，它不同于人所碰巧拥有的某种感觉或独立的欲望。“一般而言，对值得欲求的物的某种观念为行为提供了充足的驱动力。”③ 至此，较之于对基本价值的理解是识别欲望的条件，菲尼斯对欲望与理解之关系的论述进一步明晰——欲望独立于理解而产生，但是如果缺乏对基本价值的理解，则很难甚至就无法识别欲望。值得注意的是，到目前为止，菲尼斯对“欲望”一词的用法尚只限于与理解相对的前理性欲望（pre－rational desire），而如果将此与第一章在讨论游叙弗伦测验时已经论述的善是欲望的原因而非相反这一点相比较，则可以发现这里这两种欲望不是一回事。因此，菲尼斯提出了“基于实践理解的欲望”（desires that are based upon practical understanding）这一概念，也可以说是区别于前理性欲望的第二种欲望，它是由值得欲求的物所决定的。只有在第二种欲望的意义上，才能理解善是欲望的原因这一表述。

如果要简单总结一下欲望与理解的关系，那么可以说：在第一种欲望的意义上，欲望独立于并先于理解而产生，但是如果缺乏对基本价值的理解，则很难甚至就无法识别欲望；在第二种欲望的意义上，理解独立于并先于欲望而产生，且构成了欲望的原因。因此，菲尼斯才对前述英国哲学

---

① John Finnis, *Fundamentals of Ethics*, Clarendon Press, 1983, p. 34.

② John Finnis, *Fundamentals of Ethics*, Clarendon Press, 1983, p. 34.

③ John Finnis, *Fundamentals of Ethics*, Clarendon Press, 1983, p. 35.

界的争论作出了这样的总结："我们不应当说实践推理源于需要（或欲望）并力寻满足它们的妥当方式；而应该说实践推理源于识别被需要的（或被欲求的）物，即（实践地）被视为值得期待的物。"①

3. 可理解的价值并不必然满足人的欲望

上文仅仅是简单总结了两种欲望与对价值的实践理解的关系，如果要将这些关系具体化，又可以分解为两个命题：第一，可理解的价值并不必然满足人的欲望；第二，意志体现了对可理解的价值的欲望。其中，第一个命题中的欲望对应着前一种欲望——前理性欲望；而第二个命题中的欲望对应着后一种欲望——基于实践理解的欲望。下面，就对这两个命题分别加以阐述，以深化对菲尼斯有关价值与欲望之关系的论述的理解。

具体地说，他是通过批评加拿大神学哲学家伯纳德·洛纳根（Bernard Lonergan 1904—1984）的理论来论证可理解的价值并不必然满足人的欲望这一命题的。在其《洞见：对人类理解的研究》（*Insight：a Study of Human Understanding*）一书中，洛纳根提出了在非实践的智力运作中人类理解结构的三元图式：体验、导致洞见的问题和导致理性判断的反思性问题。与这三个因素相对应，存在着对"善的层次的三元解释"，这三个层次分别是：作为欲望之客体的善（优先于问题和洞见、反思和判断），当人获得这种善时，就体验到了愉悦、乐趣和满足；可理解的善；思考与选择的善。在这三个层次的善中，可理解的善处于核心地位。由于在菲尼斯的伦理学中，可理解的善也处于核心地位。所以，针对洛纳根的"可理解的善"，菲尼斯问道："这种被如此理解的善是什么呢?"②

在菲尼斯看来，正是在这个决定性的问题上，由于将可理解的善解释为秩序性的善，自以为反对经验主义的洛纳根勉强接受了经验主义，因为他将善定位于人偶然拥有的欲望的满足之中，而不是定位于首先被实践理性所理解的完善之中。因此，洛纳根的"可理解的善"并不对应于菲尼斯的"可理解的价值"，而依旧只是对应于后者的"前理性欲望"。

进一步地，在洛纳根与菲尼斯的上述分歧这一问题上，体现了休谟与亚里士多德的对立。尽管他们都将"善"这个术语与欲望和欲望的客体联系起来，但是，"对休谟主义者而言，与欲望有着紧密联系的事物和欲

① John Finnis, *Fundamentals of Ethics*, Clarendon Press, 1983, p. 35.

② John Finnis, *Fundamentals of Ethics*, Clarendon Press, 1983, p. 43.

望的客体是满足。对柏拉图主义者、亚里士多德主义者、托马斯主义者和所有准确理解了欲望与理性之关系的人而言，与欲望有着紧密联系的事物和欲望的客体是完善，即使所欲求的人境况渐佳的事物，它对他而言是一种良好的事物。满足是那种善在他那里实现的一个好的方面，但却不是那种善，而在相当多的情况下'满足我'并不是某种描述的一部分，他在这种描述之下追求那种欲望的客体。"① 一句话，可理解的价值并不必然满足人的欲望。

由此，菲尼斯认为："洛纳根忽视了仅仅被体验的善与被理解的善之间真正具有决定性的区别。理解与感觉常常共存于我们的需要之中，以至于我们容易忽视或者误解这种区别。这种区别存在于纯粹的需要与在某一描述之下对某物的需要这两者之间。"②

4. 意志体现了对可理解的价值的欲望

前文已经多次谈到，人们对于可理解的价值的追求可以被置于某种描述之下。那么这种描述本身到底是什么？菲尼斯并未对此过多阐述，这是因为这种描述由于人们追求价值的各种因素的不同而不同，充满了复杂性。③ 他只是进行了一个原则性的阐述："我们在某一描述之下需要事物。那就是说，我们是具有理解能力的，我们的理解不仅仅是沉思性的，而且是实践性的。"④

之所以说我们的理解是有实践性的，是因为我们具有意志。"意志仅仅是为了维系、尊重、实现或参与在我们行动的那一刻仅仅为理智（intelligence）所理解的善而行动的能力。"⑤ 它体现了人对可理解的价值所具有的欲望，这种欲望就是基于实践理解的欲望，它是人理解价值的结果。

基于实践理解的欲望可以使人抵抗倦怠、烦恼等倾向。但是，菲尼斯也强调："对可理解的善的追求不必与感觉或体验相竞争，亦不必与其相隔离。"⑥ 为了说明这句话，他区分了"体验"的两层含义，第一层含义指我们在质疑与理解之前所具有的体验，第二层含义指我们在理解与需要

---

① John Finnis, *Fundamentals of Ethics*, Clarendon Press, 1983, p. 44.
② John Finnis, *Fundamentals of Ethics*, Clarendon Press, 1983, pp. 44 – 45.
③ John Finnis, *Fundamentals of Ethics*, Clarendon Press, 1983, p. 46.
④ John Finnis, *Fundamentals of Ethics*, Clarendon Press, 1983, pp. 45 – 46.
⑤ John Finnis, *Fundamentals of Ethics*, Clarendon Press, 1983, p. 47.
⑥ John Finnis, *Fundamentals of Ethics*, Clarendon Press, 1983, p. 47.

各种善时所具有的体验。第二种体验与人们对善的追求相一致，他指出："在每一种情况下，一般而言，在参与这些善的过程中都存在一个情感的方面，这种情感或感觉是它们作为人类善的现实性的一个方面。的确，对这些善的某种参与在情感上是索然无味的，在主观上是不令人满足的，但在有限程度上它依然是善的和有意义的。然而，除非这些善被体验为善，否则就无法充分地参与它们。我们将人类这种独有的对善的体验称之为情感或（故意的）感觉。"①

最后，可以借用游叙弗伦测验来总结一下前理性欲望与基于实践理解的欲望：站在菲尼斯的立场上，当我们反对某物之所以是善的是因为它是欲望的客体这种说法时，这一说法中的欲望指的是前理性欲望；当我们认可某物之所以是欲望的客体是因为它是善的这一说法时，这一说法中的欲望指的是基于实践理解的欲望。

二、基本价值的特征

基本价值具有不证自明性和普遍性的特征，下文就因循菲尼斯的思路，以知识为例，对这两点特征分而述之。

（一）基本价值的不证自明性

基本价值最首要的特征就是不证自明性。菲尼斯开宗明义地指出："知识的善是不证自明的，显而易见的。它不能被证明，但同样也不需要任何证明。"②

对于该特征，奥康奈尔主张，应分别从消极和积极两个方面来认识。从消极方面看，就是阐明不证自明的含义不是什么——不证自明并不意味着我们生来就知道这一点，也不意味着某一价值获得了所有人的承认，更不意味着对某一价值的确信这么一种主观体验。③ 从积极方面看，奥康奈尔指出："基本价值被菲尼斯描述为这样一些活动和状态，它们因为自身的原因而具有价值。作为自身具有价值的活动和状态，它们是人类活动的

① John Finnis, *Fundamentals of Ethics*, Clarendon Press, 1983, pp. 47 – 48.

② John Finnis, *Natural Law And Natural Rights*, Clarendon Press, 1980. p. 65.

③ Irene O'Connell, *Self – Evidence in Finnis' Natural Law Theory: A Reply to Sayers*, *Australia Journal of Legal Philosophy*, 2000 (25), pp. 112 – 113.

目的。作为人类活动的目的，无需求助于任何更进一步的理由来解释它们的价值。"[1] 所以，说基本价值是不证自明的，就是说我们能以一种即时的和不可推导的（underived）方式理解它们，而无须求助于进一步的推理过程。奥康奈尔认为："作为目的的基本价值，是行动的基础性理由。作为行动的基础性理由，它们不能由更基础的理由或目的推导而来，这是因为它们是行动的第一理由和基础性理由。它们之所以是不证自明的，是因为它们是行动的第一理由和基础性理由。因此，正是由于各种目的的性质，它们才是不证自明的，因为如果它们不是不证自明的，它们也就不是基本价值或目的。"[2]

需要注意的是，虽然不证自明的陈述都是不可推导的陈述，但并不是所有不可推导的陈述都是不证自明的，两者不能完全等同。菲尼斯指出："在某些情况下，不可推导性相当于缺乏可证成性和客观性。但在另外一些情况下，它表示不证自明性。"[3] 也就是说，不可推导性存在两种情况，而不证自明性只是其中的一种。

针对从积极方面对不证自明的理解，奥康奈尔总结道："由于不证自明的陈述并不从任何进一步的前提推导而来，所以它们不能被证明。因此菲尼斯说基本价值或目的之所以不能被证明，是因为它们是由于其本身的原因而具有价值的目的：它们的价值性并不依赖于任何进一步的前提。所以，当我们应邀来对七种基本价值（它们作为行动的基础性理由，组成了全面的人类繁盛）加以反思时，我们不能要求基本价值应当被证明为基本价值，因为它们是可以证明的这一点并不是基本价值的性质。"[4]

有关基本价值的不证自明性，还有一个问题需要说明，那就是在菲尼斯的自然法理论中多次出现的"智者"问题。这也与斯通列出的自然法与法实证主义之间的第一个决定性议题有关，这个议题就是："自然法学家是否有权主张他们断言为不证自明的事物也必定会被所有人承认为不证

---

① Irene O'Connell, *Self – Evidence in Finnis' Natural Law Theory: A Reply to Sayers*, (2000) 25 *Australia Journal of Legal Philosophy*. p. 113

② Irene O'Connell, *Self – Evidence in Finnis' Natural Law Theory: A Reply to Sayers*, (2000) 25 *Australia Journal of Legal Philosophy*. p. 114.

③ John Finnis, *Natural Law And Natural Rights*, Clarendon Press, 1980. p. 70.

④ Irene O'Connell, *Self – Evidence in Finnis' Natural Law Theory: A Reply to Sayers*, (2000) 25 *Australia Journal of Legal Philosophy*. p. 114.

自明的?"[①] 菲尼斯认为斯通这种表述有含混之嫌，他为此给出了一个在他看来合适的表述："他们断言为不证自明的事物会（或者应当）被所有人承认是正确的么?"[②] 他为作出这种表述上的转变给出了如下的理由，在我看来可以将其视为他对不证自明性的另一种定义："对一个不证自明的命题而言，重要的是，（具有相关经验、并且理解其术语的）人们在无须论证证明的情况下就会同意这种命题；人们是否进一步承认这一命题属于'不证自明'这一相对复杂的哲学范畴——这一点根本无关紧要。"[③]

但是，即便如此理解了不证自明性，他认为斯通的这种归纳依旧是对自然法的一种误读，因为在古典自然法传统中，亚里士多德和阿奎那从未承认不证自明的命题必定会被所有人承认为是正确的这一点，他们认为这一点既不可能也不必要。而通过对他们相关观点的简要梳理，也有利于深化对不证自明性的理解。

尽管亚里士多德没有讨论不证自明这一范畴，但他认为，只有那些富有经验的成年人才能有益地讨论伦理学，年龄在这里只是一个必要条件而非充分条件。阿奎那则明确讨论了所谓"不证自明的命题"，并区分了对所有人都不证自明的命题与只对智者不证自明的命题。尽管阿奎那并未指出究竟哪些命题是只对智者不证自明的，[④] 但是他也认为只有智者才能正确回答许多道德问题。[⑤] 因此，在指出斯通的上述归纳并不构成自然法理论的一个议题的同时，菲尼斯实际上突出基本价值的不证自明性的一个重要内容，即不证自明只是相对于那些具有相关经验，并且能够领会基本价值的人而言的。

当然，对于菲尼斯以知识为例来说明基本价值的不证自明性的努力，也有学者提出了质疑。劳埃德这样批评菲尼斯："他关于知识的基本之善的论说，以及前已述及的反驳性论辩，均具有逻辑的说服力。然而，菲尼斯并没有给我们提供关于其他基本之善的同样的论说。可以相信，他在此遇到了困难。"[⑥] 必须承认，劳埃德这种批评对菲尼斯的基本价值理论而

---

① Julius Stone, *Human Law and Human Justice*, Stanford University Press, 1965, p. 212.

② John Finnis, *Natural Law And Natural Rights*, Clarendon Press, 1980, p. 31.

③ John Finnis, *Natural Law And Natural Rights*, Clarendon Press, 1980, p. 31.

④ John Finnis, *Natural Law And Natural Rights*, Clarendon Press, 1980, p. 32.

⑤ John Finnis, *Natural Law And Natural Rights*, Clarendon Press, 1980, p. 30.

⑥ ［英］劳埃德：《法理学》，许章润译，法律出版社 2007 年版，第 98 页。

言是成立的。但是，如果否定了基本价值的不证自明性，也就否定了菲尼斯自然法理论最根本的伦理学立场，一旦那样的话，菲尼斯的整个自然法理论体系也就面临着崩溃的危险。对于这一点，学界已有共识。[①]

（二）基本价值的客观性

1. 客观性的含义

严格地说，基本价值的客观性是其不证自明性的一个重要表现，也是理解不证自明性的一把钥匙。同时，由于基本价值的客观性决定了价值判断的客观性，而价值判断的客观性又是现代伦理学界争论的一个核心问题。所以，菲尼斯对客观性问题予以高度重视。通过梳理他对这一问题的相关论述，可以在理解基本价值客观性的意义的同时，把握菲尼斯客观主义伦理学的基本立场，进而为理解其自然法理论奠定必不可少的伦理学背景。

菲尼斯指出："某一判断或信念如果是正确的，那它就是客观的。"[②]而某一命题之所以是客观的，要么是因为有证据支持，要么是因为它是显而易见的或具有不证自明的正确性。[③] 对于基本价值而言，其客观性来源于后一种正确性。因此，我们才将"知识是值得拥有的事物"这一原则称之为一条不可推导的原则。从表述上看，这一原则可能使我们认为：知识之所以是一种善，是因为我们对它有欲望。但如果这种认识正确的话，就推翻了知识作为一种价值的客观性，而使得知识的价值性取决于人的主观判断。菲尼斯认为，这是对上述原则的误解，该原则的真正含义是"因为知识是一种善，所以我对它有欲望"。

2. 怀疑论者的批评及菲尼斯的反驳

怀疑论者认为，在价值客观主义者看来的所谓的价值判断的客观性只不过是后者感觉和欲望的表达，是个人将其主观感受赋予某事物的结果，而非该事物的属性本身。这一点构成了对价值判断的客观性最为本质的

---

① Leora Batnitzky, 'A Seamless Web – John Finnis and Joseph Raz on Practical Reason and the Obligation to Obey the Law', *Oxford Journal of Legal Studies*, 1995, (15) pp. 174 – 175. Tan Seow Hon, 'Justification in Finnis' Natural Law Theory', *Singapore Journal of Legal Studies*, 2000, pp. 590 – 639.

② John Finnis, *Natural Law And Natural Rights*, Clarendon Press, 1980, p. 75.

③ John Finnis, *Natural Law And Natural Rights*, Clarendon Press, 1980, p. 75.

批判。

菲尼斯指出，针对该批评，弄清其真实意图非常重要。就基本实践原则的不证自明性和强制性（peremptoriness）两点特征而言，由于其不证自明性是由知识的不证自明性所决定的，怀疑论者不可能否定它；值得关注的是强制性特征，通过指出评价与其他人类理解形式的区别，怀疑论者认为价值客观主义者对价值客观性的信仰是一种信仰，其对象是“由一种非常怪异的‘直觉’能力所感知的非常怪异的‘事物’”。①

在《自然法与自然权利》之中，菲尼斯只是大致地对怀疑论者的这种观点进行了批判，他认为怀疑论者试图通过对价值客观主义者的上述批评给基本实践原则的强制性特征增添神秘的性质。但在他看来，这种神秘性质并不存在——基本实践原则的强制性特征与基本价值的不证自明性是紧密关联在一起的，对基本实践原则的理解性确认“是一个有关人类幸福之一般形式以及人类潜能之实现的理性判断。如此，它（以它自身的方式）具有所有其他理性判断的强制性。”②

菲尼斯的这一回应似有简略之嫌，因而在《伦理学基础》中，他进一步详细地回应了怀疑论者的批评。其实，这种批评集中体现在澳大利亚哲学家麦凯（John L. Mackie 1917—1981）的伦理学理论中。麦凯在否定价值判断的客观性时，提出了从怪异性方面进行的论证。

在这个论证中，麦凯指出：“假如存在着客观的价值，那么它们将是一类非常奇怪的实体、性质或者关系，这些东西完全不同于宇宙中的任何其他的东西。相应的，假如我们意识到它们，那么这得要通过某种特别的道德知觉或直觉的能力，它完全不同于我们认识其他事物的通常方式。”③

对于这个论证，菲尼斯认为，首先应该注意的是它蕴含着什么样的真理和客观性的观念这个问题。在麦凯的另一段话中，可以找到上述问题的答案：“正如霍布斯所说：‘一个人的嗜好或欲求无论是什么东西，它对他来说都被称作善’；当然，形容词‘善的’和名词‘善’也都被用于事物的非道德语境中，因为这些事物可以满足某些欲求。通过颠倒这样的依赖方向，通过使欲求依赖于善而不是善依赖于欲求，我们获得了一个东西

① John Finnis, *Natural Law And Natural Rights*, Clarendon Press, 1980, p. 72.

② John Finnis, *Natural Law And Natural Rights*, Clarendon Press, 1980, p. 72.

③ ［澳大利亚］约翰·L．麦凯：《伦理学：发明对与错》，丁三东译，上海译文出版社 2007 年版，第 27－28 页。

是客观地善的，或者具有内在价值的这个看法。”① 这段话体现了麦凯的客观化理论，该理论认为“行为、事务状态等的客观性质实际上只是感觉和需要的映射”②，而意图、意义与真理则是完全不同于宇宙间其他一切事物的东西。

菲尼斯认为，如果采取自然科学的标准，那么，的确，意图、意义与真理会是相当怪异的，而对意图和意义的理解与对真假的判断也会被令人信服地贴上“直觉的特殊能力”这种标签；按照这样的逻辑，进一步地，任何解释意图、意义和真理的计划都显然是主观任意的和自我否定的。

但是，如果我们承认意图内在于行为之中、意义内在于表达之中、真假内在于命题之中，那么这就并不比坚持善内在于某些事物状态之中这种认识更加神秘。因此，菲尼斯批评麦凯看到的只是一幅因果关系的幼稚图景。他进而认为：在每一种情况下，如果我们发现麦凯默默地诉诸的图景或模式连即使是最简单的有关意图、意义和真理的事实也不能包含时，我们就有权得出这样的结论，即麦凯有关怪异性与特殊能力的论述没有为怀疑价值判断的客观性或真理性提供任何理由。

3. 菲尼斯对价值判断客观性的论证

批判了麦凯的从怪异性方面进行的论证，并不等于证成了价值判断的客观性。为了为价值判断的客观性奠定牢固的理论基础，菲尼斯借鉴了现代英美哲学的相关讨论。

美国哲学家托马斯·内格尔（Thomas Nagel 1937 年出生）试图为人类寻找客观性的努力寻找一个新的起点，根据菲尼斯对内格尔理论的归纳：“客观性存在于一种关于世界的观念之中，这种观念并不是来自于世界的任何地方的观点，而是来自于个体观察者在世界中的位置，来自于将观察者与其他一切事物区别开来之处。”③ 在这里，内格尔正确地指出了客观性的标准可以存在于个体观察者之上这一点；但是，他同时又赋予了客观性这样的意义：“并不是说越好地理解一切物，就能越客观地看待一切物。”④ 这样一来，他对客观性标准的认识似乎又模糊起来了。所以，

---

① ［澳大利亚］约翰·L．麦凯：《伦理学：发明对与错》，丁三东译，上海译文出版社 2007 年版，第 33 页。

② John Finnis, *Fundamentals of Ethics*, Clarendon Press, 1983, p. 58.

③ John Finnis, *Fundamentals of Ethics*, Clarendon Press, 1983, p. 61.

④ John Finnis, *Fundamentals of Ethics*, Clarendon Press, 1983, p. 61.

菲尼斯批评道："未能从这种客观性的特殊意义上进行决定性的转变，未能用更加精确的关于客观性的启发式观念（即无论一切人是否判断它就是如此，情况就是这样）取代这种意义，这导致了内格尔本人的一种奇怪的二元论，根据这种二元论，他'真实的自我''像通过一扇窗子一样，通过眼睛、个人来看待这个世界。'"①

因此，如果将内格尔的理论与菲尼斯在批评麦凯从怪异性方面进行的论证时所涉及的自然科学标准两相比较，两者之间还是存在一些相似之处，即它们所追求的知识只限于"那些能被就事论事地、外在地、自然主义地加以看待的东西"②。这种限制是唯科学主义的（scientistic），而不是科学主义的（scientific）。它"将自然科学方法的假定延伸到了调查领域（fields of inquiry）之中，在这一领域内，自然科学方法实际上阻碍或模糊了任何精确的观点。"③ 在调查领域之中，充满了与人的体验有关的事物；人的主观体验并不完全是私人化的，而是可以在主体间被分享的，我们可以知道别人的体验。菲尼斯指出："所有这些体验都完全是主观的，如果世界仅仅是它被'客观地'（即自然主义地或唯科学主义地）观察的那样，这些体验就在世界中毫无一席之地。因此，试图将理性的范围限制在那些能以那种客观性为人所知的事物之上的人本身就丧失了客观性。"④ 换句话说，人的体验是具有主体间性的，这种主体间性本身就是一种客观性了，如果否认这种客观性，就无异于否认作为体验主体的人的客观性本身。⑤

如果说内格尔的唯科学主义倾向可能导致对他本人客观性立场的否认，那么他对客观性标准的寻求本身也有可能导致对其客观性立场的否认，坚持主观主义伦理学立场的英国哲学家菲莉帕·富特（Philippa Foot 1920 年出生）指出了这一点。富特认为，当内格尔既主张"X 的发生是善的"又主张"X 的发生这一点的价值完全独立于任何人在宇宙中的利益或关注"时，这是不可理喻的。菲尼斯赞成富特的这种批评，这就涉

---

① John Finnis, *Fundamentals of Ethics*, Clarendon Press, 1983, p. 61.
② John Finnis, *Fundamentals of Ethics*, Clarendon Press, 1983, p. 61.
③ John Finnis, *Fundamentals of Ethics*, Clarendon Press, 1983, p. 61.
④ John Finnis, *Fundamentals of Ethics*, Clarendon Press, 1983, pp. 61 – 62.
⑤ 关于菲尼斯对道德命题的客观性和道德主体的客观性的论述，see John Finnis, *Fundamentals of Ethics*, Clarendon Press, 1983, pp 56 – 57, p. 60.

及内格尔理论的另外一个方面，即后一个主张与内格尔坚持客观性的标准可以存在于个体观察者之上这一点相冲突。

但是，菲尼斯并不因为赞成富特的上述批评而转向了富特的立场："一旦我们看到在'客观的'与'主观的'之间能作出不只是一种简单的对比时，我们就不会满足于富特对所有如'X 是一种善的事务状态'这样的主张的客观性的简单否定。"① 菲尼斯认为，伦理学中的事务状态主要是指人的状态，而人的状态将不可避免地与其利益有关。富特在批评内格尔时正是以人的利益为依据质疑后者的立场的，菲尼斯的确赞同了富特的批评，但他并不认可后者对人的利益进行肆意的解释。他在"属于我的利益"（in my interests）与"正好有一种利益"（happen to take an interest in）这两者之间进行了区分，他说："什么属于我的利益这一问题的答案一定不能通过追问我对什么正好有一种利益这一问题来充足地确定。决定性的问题在于，什么可以被理解为具有一种利益。"② 这种理解是发生在主体之间的，具有主体间性意义上的客观性。"因此，没有任何理由可以否认有关何物构成了某人的幸福（因而属于他的利益）的陈述的客观性。"③

总之，通过对内格尔理论的肯定与批评，菲尼斯试图在自己的伦理学理论中建立起一种以主体间性为基础的客观性。为此，他援用了英国哲学家戴维·威金斯（David Wiggins 1933 年出生）的伦理学理论。

威金斯认为，客观性在根本上是一个有关真理的推理问题，而对真理的解释又要依赖于意义。因此，对客观性的探究要从对意义的探究开始。根据他的意义理论，如果要准确理解某一单句 s，则要提供对 s 的一个准确解释 p，由此，当且仅当 p 为真，则 s 为真。但是，由于 p 本身也是一个需要理解的句子，因此要想将其作为对 s 的准确解释，就要求准确理解既定语言共同体成员的信念、态度和意图。而如果我们知道 p 准确地翻译了 s 的意义，我们"就处于一个为'当且仅当 p 为真，则 s 为真'这一定理中的'为真'这一短语提供某种解释的境地。"④ 根据威金斯的界定，我们的这种解释表征着"真理的标志"，即确立了某些"关于真理的自明

---

① John Finnis, *Fundamentals of Ethics*, Clarendon Press, 1983, p. 62.

② John Finnis, *Fundamentals of Ethics*, Clarendon Press, 1983, pp. 62 – 63.

③ John Finnis, *Fundamentals of Ethics*, Clarendon Press, 1983, p. 63.

④ John Finnis, *Fundamentals of Ethics*, Clarendon Press, 1983, p. 63.

之理”。这样的自明之理有以下五条：

第一，真理是陈述句在规范上必须被理解为旨在拥有的属性。

第二，一个句子 s 具有真理性的第二个标志是：在调查的有利条件下，尤其是在调查者面对有证据的论证的条件下，存在一个缩小分歧的趋势，而对 s 而言，也存在一个在调查者之间获得一致的趋势。

第三，每一个缺乏真理性的陈述在独立于陈述者认可它的方法时也缺乏真理性，而每一个具有真理性的陈述在独立于陈述者认可它的方法和他作出该陈述的意志时也具有真理性。

以上三个真理的标志浓缩成为第四个：

第四，每一个具有真理性的句子之所以具有真理性，是因为某些因素多多少少（无论如何间接）能被陈述者和解释者所理解。

第五，每一个具有真理性的句子都可以与其他所有具有真理性的句子相并存，也即共同被人们所主张。①

从以上五点可以看出，威金斯的真理理论试图在意义之上建立客观性，而这种客观性的建立又与人们的认识密切相关；因此，要想准确定位威金斯的真理理论，进而考察其对价值判断客观性之论证的贡献，首先要做的一个工作是将这一理论放置在现代以认识论为主流的哲学传统中去界定其理论坐标。

从现代英国哲学的发展来看，在认识论上最先有所建树的是霍布斯（1588—1679）、洛克（1632—1704）等人。在洛克的知识论中，人类的观念有两个来源：一是感觉作用；二是人类自己的心灵活动的知觉。这反映到对事物的性质的认识上，洛克认为：人类依靠感觉所获得的是和物体不可分离的主性质，如充实性、广延性、形状、运动或静止、数目；而诸如颜色、声音、气味等次性质，则只存在于人的知觉中。

后来的怀疑论者在两个方向上发展了洛克的上述理论。在贝克莱（1685—1753）那里，主性质也只为知觉所认识，从而发展成“存在就是被感知”这一命题；而在休谟那里，人们对道德性质的陈述类似于洛克对次性质的陈述，这两种性质都只不过是人们的存在状态即感觉本身，是我们向真实的事物映射我们称之为“性质”的结果。②

---

① John Finnis, *Fundamentals of Ethics*, Clarendon Press, 1983, p. 64.

② ［英］休谟：《人性论》（下册），关文运译，商务印书馆 1980 年版，第 508—519 页。

与休谟相比，威金斯对次性质的理解走上了一条截然相反的道路。他举了一个“红色的邮箱”的例子，他认为邮箱的红色既是客观的，又是一个人类中心主义的范畴，在他那里，这两者并不矛盾。知识不会因为它在某些方面不可避免地是人类中心主义的，就必然是主观的。

为了进一步说明诸如颜色等范畴的客观性，威金斯还讨论了非认知主义者的相关立场。非认知主义者并不想否定包括颜色等范畴在内的次性质的客观性，但是，威金斯指出，如果他们反对价值属性和价值判断客观性的论证是有效的，那么按照他们的逻辑，次性质的客观性也会被否定。这里，需要强调的是，不管是在休谟那里，还是在非认知主义者那里，价值属性（道德性质）都是独立于主性质和次性质之外的一种性质，尽管在某些方面它与次性质相类似。威金斯在讨论非认知主义者的上述立场时，运用了归谬法，菲尼斯将其归纳为：“现代非认知主义者从价值属性是心理映射（mental projections）这一点出发发现：如果价值属性是心理映射，那么除了主性质之外，所有属性都是心理映射。”[①] 由此，不管是价值属性，还是次性质，都是心理映射而已，而这就与前述非认知主义者不想否定次性质的客观性这一立场相矛盾。威金斯正是通过这一归谬法，驳斥了非认知主义者所持有的价值属性是心理映射这一观点。他指出，非认知主义者之所以出现上述矛盾，乃是因为他们反对价值属性和价值判断客观性的论证是与人类中心主义的谓述相矛盾的论证。

所以，威金斯认为：“价值谓述所表征的是一个世界里的属性，否认这一点要么是虚假的，要么是没有意义的。假如价值属性在客观上是可辨认的并且能对实践理解与判断产生影响，那么，价值属性在此处或彼处都不会不是主性质。没有任何现存的论证可以证明价值属性不能对实践理解与判断产生影响。”[②] 由此，威金斯得出了三点结论：价值判断在客观上可以具有真理性；许多价值判断可以被描述为具有事实性的判断；在事实与价值之间没有明确的区分。

当然，对于威金斯的这三点结论，菲尼斯并非完全赞同。后者认可了前者价值判断具有客观性这一论断，但这并不必然要求后者也认可前者的后两点论断。事实上，无论是在捍卫“是”与“应当”无法相互推导这

---

① John Finnis, *Fundamentals of Ethics*, Clarendon Press, 1983, p. 66.

② David Wiggins, *Needs*, *Values*, *Truth*, Oxford: Basil Blackwell, 1987, p. 131.

一古典自然法传统的基本立场时，还是在认为怀疑论者以价值不能从事实推导而来为由否认价值判断的客观性这一思路与价值判断的客观性无关时,[①] 菲尼斯都坚持了事实与价值的二分。这种坚持的立场与他认同价值判断的客观性并不矛盾，与此同时，菲尼斯也完成了对价值判断客观性的论证。[②]

（三）基本价值的普遍性

前文已述，基本价值的不证自明性之所以只是相对于某些人而言的，这是因为研究基本价值是一项有难度的工作，难度体现在以下几个方面：

（1）表现在将许多基本价值化约为一种（或两种、或三种）价值、或者将许多基本爱好（inclination）或兴趣化约为一种（或两种、或三种）基本爱好或兴趣这种主观任意而不尽合理的作法之中；（2）表现在由于制定标准的变动不居而不融贯的基本倾向（tendency）（或价值、或人性特点）的清单之中；（3）表现在只提到了一些倾向、价值或特点然后以“等等”或“以及其他基本价值”等等结束的支离破碎（short - winded）的分析之中。[③]

菲尼斯将上述三方面的困难分别称之为还原论、交叉分类和令人气馁的清单多样性。但是，菲尼斯指出，只要注意以下几组区别，就可以克服这些困难：第一，要将某种强烈的欲望（urge）与善的各种形式区别开来；第二，要将追求某种价值的物质性条件与该种价值本身区别开来；第三，要在一般的价值与特定的目标之间、在目的与手段之间进行清晰的区分。[④]

菲尼斯的这种方法论上的自信，源于基本价值的另一个特征——普遍性；尽管他并没有像论述价值的不证自明性特征那样去论述价值的普遍性，但是后者在他有关对价值进行理论研究的论述中表露无遗。如果说不

---

① John Finnis, *Natural Law And Natural Rights*, Clarendon Press, 1980, p. 73.

② 此外，针对基本价值的客观性，怀疑论者还可能从以下几个方面展开批评。第一，怀疑论者通过指出道德观点的多样性来否认价值判断的客观性，但菲尼斯认为这实际上打错了靶子，因为基本实践原则本身并不是道德原则，而只是某些道德规范有效性的必要条件。第二，怀疑论者指出并不是每个人都会确认基本实践原则，但这一点也被价值客观主义者所认同，且并不影响价值的客观性。John Finnis, *Natural Law And Natural Rights*, Clarendon Press, 1980, pp. 72 - 73.

③ John Finnis, *Natural Law And Natural Rights*, Clarendon Press, 1980, pp. 81 - 82.

④ John Finnis, *Natural Law And Natural Rights*, Clarendon Press, 1980, p. 82.

证自明性是价值内在的一个本质性特征的话，那么普遍性就是对价值进行研究时所发现的一个经验性特征；换句话说，价值本身的客观性是不证自明的（不能被证明），但是价值的普遍性作为一种经验世界的现象，是可以被经验所证明的，从而反击了对价值普适主义的批评。[①]

价值的普遍性，既强调了在某种基本的人的强烈欲望与相应的基本价值之间的联系，又强调了服从某种欲望与理智地（intelligently）追求某种价值之间的巨大区别。用《伦理学基础》中的表述来说，就是前理性欲望并不构成价值的原因，恰恰相反，价值是基于实践理解的欲望的原因；或者说，并不是所有的前理性欲望都是符合价值的，甚至存在着违背价值的前理性欲望。在实践中，人的行动有可能受价值的驱使，也有可能受前理性欲望的驱使，还有可能受价值与前理性欲望的共同驱使。在实践中，人的行动可能在追求价值，也可能在破坏价值。即使是在那些追求价值的行动中，也可能受诸多因素的影响而导致在追求的方式、深度、强度和持久度等多方面的多样性。

三、基本价值的种类

（一）七种基本价值简述

菲尼斯认为，存在着七种基本价值，下面分别择要述之。

第一，生命。这里的“生命”指“使人处于良好的自决状态的生命力（vitality）的各个方面”。[②] 除了包括身体健康和免于痛苦的自由以外，它还包括通过繁殖后代来传承生命这一范畴。

第二，知识。对于该价值，前文在论述价值的一般特征时已经将其作为例子来加以说明，兹不赘述。

第三，游戏。游戏由于其本身的原因，作为一项独立的基本价值而存在。“我们每个人都能看到进行表现（performances）的意义，这些表现除了其本身以外没有任何意义，人们只是为了其本身的原因享受它们。表现在方式上可以是单独的，也可以是社会的；可以是智力的、也可以是体力

---

① John Finnis, *Natural Law And Natural Rights*, Clarendon Press, 1980, p. 83.

② John Finnis, *Natural Law And Natural Rights*, Clarendon Press, 1980, p. 86.

的；可以是艰苦的，也可以是轻松的；可以是结构严密的，也可以是相对不正式的；可以是常规性的，也可以是特别性的”[①]。

第四，审美体验。菲尼斯严格区分了游戏的价值与审美体验的价值，尽管许多游戏形式也可以产生审美体验，但是“美”本身并不是游戏不可或缺的要素。游戏必须与人的行为有关，但是审美体验则不需要。即使在大自然中，也能够发现并欣赏美的形式。审美体验由于其本身的原因而被追求的仅仅是“‘外在于’人的美的形式和对这种形式之美的欣赏的‘内在’体验”[②]。

第五，社交（友谊）。社交就其最弱形式而言，是指人们之间最低限度的和平与和谐；就其最强形式而言，是指人的共同体的形式。并非所有的人与人之间的合作都是友谊，因为友谊意味着必须为朋友的幸福而行动，但是有的合作只是工具性的，在这种合作中人们所考虑的只是各自的自我目的。

第六，实践合理性。实践合理性就是“在做出决定、采纳承诺、选择并执行计划时以及通常表现在行为中的合理性”[③]，它本身也作为一项独立的基本价值而存在。在导致行为的实践推理过程中，它能“使人自己的理智对诸如选择某人的行动和生活方式并形成他自己的性格等问题产生有效的影响。消极地说，这意味着人具有某种有效自由的尺度；积极地说，这意味着人寻求将某种理智而合理的秩序引入到他自己的行动、习惯与实践态度之中”[④]。

第七，“宗教”。菲尼斯之所以在第一次提到这种价值时加上了引号，是因为他认为这个称谓比较简要但又不太恰当，他的意思实质上是要表明“在人类自己（以及人类可以创造和维持的秩序）与神之间确立和维持妥当关系”这样一种观念。[⑤] 菲尼斯认为这种作为基本价值的宗教不但是客观存在的，而且是普遍的；它解决的是普遍的事物之秩序、人类自由与理性的超验起源等问题。

在《自然法与自然权利》之后，菲尼斯在其后的文章中对这七项基本价值的分类和表述又有所变化，以至于有学者将他的基本价值理论的演

① John Finnis, *Natural Law And Natural Rights*, Clarendon Press, 1980, p. 87.
② John Finnis, *Natural Law And Natural Rights*, Clarendon Press, 1980, p. 88.
③ John Finnis, *Natural Law And Natural Rights*, Clarendon Press, 1980, p. 12.
④ John Finnis, *Natural Law And Natural Rights*, Clarendon Press, 1980, p. 88.
⑤ John Finnis, *Natural Law And Natural Rights*, Clarendon Press, 1980, p. 89.

进划分为成形、发展和最新修订三个时期并作出了比较详尽的论述；[①] 但是，也正如同一学者所指出的那样："在菲尼斯学术生涯的不同时期他对基本善的分类和表述略有不同，但其基本价值和精神是一致的。"[②]

菲尼斯承认，在上述七种基本价值之外，还存在无数的目标和善的形式，但是后者只是追求这七种基本价值的方式——"那七个目的是人的行动的所有基本目的，你或我可能承认和追求的任何其他目的都会是它们中的一些或全部的某些方面的体现或组成部分"；[③] 当然，他同时强调指出，这只是他个人的观点，其他人完全可以提出完全不同的基本价值清单，只是菲尼斯个人认为仅凭他自己的清单已足以说明问题。在这里，菲尼斯表现出了一种就人类对基本价值之认识的开放态度。这种态度与他本人对七种基本价值的确定勾连在一起，使得菲尼斯的基本价值理论呈现出一种兼具稳定性与开放性的品格。

（二）快乐不是全部的意义

为了进一步说明基本价值之于人类生活的意义，菲尼斯还提到了一种试图找到某种最基本而最重要的人类幸福之形式的观点，这种观点认为某种体验（experience）或内在感觉（internal feeling）才是最基本而最重要的人类幸福形式。根据这种观点，菲尼斯的七项基本价值与这种体验或内在感觉相比较而言，也是次要的。

那么，这样一种观点是否正确呢？菲尼斯借鉴了诺齐克（1938——2002）在《无政府、国家与乌托邦》一书中假设的"体验机"这个例子来予以反驳。这种体验机是一个容器，可以使人获得他所想获得的任何体验。人可以选择进入它，但是进入它意味着在大脑被接上电极后必须一直飘浮在这个容器内，从而被动地接受人在进入体验机之前所选择的将要接受的体验，而不能进行任何行动。[④] 现在，诺齐克的问题是："那么你愿

---

① 参见吴一裕：《菲尼斯新自然法理论研究——自然法上"善"的追寻》，法律出版社 2009 年版，第 88—99 页。

② 吴一裕：《菲尼斯新自然法理论研究——自然法上"善"的追寻》，法律出版社 2009 年版，第 88 页。

③ John Finnis, *Natural Law And Natural Rights*, Clarendon Press, 1980, p. 92.

④ "当然，当在机器中时，你不会知道你在哪里，你将以为一切都是事实上发生的。"［美］罗伯特·诺齐克：《无政府、国家与乌托邦》，何怀宏等译，中国社会科学出版社 1991 年版，第 52 页。

进入这种机器么?"[1] 诺齐克的答案是否定的，他给出了否定的三个理由：第一，人们所想的是亲自进行行动，而不是获得进行这些行动的体验；第二，人们所想的是将自己塑造成为什么类型的人，也即自己的存在方式，但是体验机中的人却无法做到这一点，犹如一具死尸；[2] 第三，人们所想的是与实在世界保持实际的接触，而体验机则通过一个人造的世界将人与实在世界分割开来。[3]

因此，不论体验机所提供的是什么体验，这都不是人们真正希望的最终目的——"也许我们所欲望的就是要度过（一个主动词）我们自己的生命，与实在保持接触。(而只有这件事是机器不能为我们做的。)"[4] 换句话说，人们所想的是通过自己的实践行为塑造自己的生活，而不是这些实践行为给人们带来的体验。当然，在塑造生活的过程中，人的实践行为很多情况下也能给人带来诸如快乐等令人愉悦的体验，但这种体验只是附随性的，并非人们所直接追求的，人们所直接追求的是实践行为本身以及由这些实践行为所构成的生活；同时，即使某种实践行为会给人带来负面的体验，但只要它是对基本价值的参与，那它也是善的因而是值得去进行的。

（三）在基本价值之间不存在客观等级次序

与基本价值的数量相比，基本价值之所以作为"基本"价值的意义更加重要。菲尼斯界定了"基本"的三层含义："第一，每一种基本价值都同样地、不证自明地是一种善的形式；第二，没有一种基本价值可以被分析式地化约为任何其他基本价值的某一方面，或者化约为追求任何其他基本价值的手段；第三，只要我们专注于某一基本价值，该价值就可以被合理地视为是最重要的。因此在基本价值之间不存在客观等级次序。"[5]

---

① ［美］罗伯特·诺齐克：《无政府、国家与乌托邦》，何怀宏等译，中国社会科学出版社 1991 年版，第 52 页。

② "进入这一机器是一种自杀。"参见［美］罗伯特·诺齐克：《无政府、国家与乌托邦》，何怀宏等译，中国社会科学出版社 1991 年版，第 53 页。

③ 在《伦理学基础》中，菲尼斯进一步将诺齐克的这三个理由与柏拉图和亚里士多德伦理学的三个重要主题联系起来，这三个主题是：活动有其自身的意义；维持人的本体是一种善；表象不是一种可以替代现实的善。参见 John Finnis, *Fundamentals of Ethics*, Clarendon Press, 1983, pp. 38 – 41。

④ ［美］罗伯特·诺齐克：《无政府、国家与乌托邦》，何怀宏等译，中国社会科学出版社 1991 年版，第 54 页。

⑤ John Finnis, *Natural Law And Natural Rights*, Clarendon Press, 1980, p. 92.

就第三层含义而言，菲尼斯进一步解释了“不存在客观等级次序”的意义：“没有一种基本价值比任何其他基本价值更加基本，因为每一种基本价值都能受到人们合理的关注，而一旦某一基本价值受到了关注，它就可以主张一种价值上的优先性。因此在价值之间不存在任何客观上的优先性。”[①] 所以，作为客观的价值，其本身相互之间是不存在优先性顺序的，只是因为不同的人会根据各自不同的实际情况在它们之间进行选择，而这种选择又因为选择者的实际情况而不可避免地在基本价值之间采取了一种厚此薄彼的态度，从而使受到选择者优先关注的价值可以“主张一种价值上的优先性”。因此，“我们每个人都有一个在基本价值之间的主观优先性次序。”[②]

（四）对基本价值的选择

既然人们可以根据各自不同的实际情况在基本价值之间进行具有主观优先性的选择，那么，到底这种选择是如何做出的呢？是否存在某种共同的标准来对“各自不同的实际情况”进行衡量，从而对人们的选择予以衡量呢？用菲尼斯的话说，就是：“那么，何以能有正确和错误的选择呢？究竟何以能存在完全实践性的真理，即不只表现在评价之中而且表现在选择和行动之中的真理？”[③]

菲尼斯认为，正是在这一点上，论证了价值判断客观性的威金斯犹豫了。威金斯强调了评价与实践判断的区分，他承认评价的客观性和真理性，也承认实践判断的客观性，但并不承认实践判断必然具有真理性。他认为在评价与实践判断之间存在着“无人区”，因为某些评价（譬如对于是否要从事卑鄙的、丧失人性的、难以言说的邪恶的行为的评价）与行为直接相关从而使得其本身就是令人信服的实践判断；菲尼斯认为，在评价与实践判断之间本来就不存在任何区别，两者是重合的。如果说这里菲尼斯与威金斯的观点还存在一致只是表述上有所差别的话，那么，在另外一类评价中，两者就大相径庭了，后面这类评价是指对人在不可通约的基本价值之间进行的选择所作出的评价。在这一类评价中，由于不能在各个实践判断

① John Finnis, *Natural Law And Natural Rights*, Clarendon Press, 1980, p. 93.
② John Finnis, *Natural Law And Natural Rights*, Clarendon Press, 1980, p. 93.
③ John Finnis, *Fundamentals of Ethics*, Clarendon Press, 1983, p. 67.

之间简单地作出好的与坏的的区分，因而就难以保证实践判断的真理性，或者说，实践判断的真理性并不是很清楚。“在他看来清楚的是下面这一点，即实践判断的真理性不是一个符合任意公理或规则体系的问题；实践判断的真理性只是被一种‘环境性评定’所‘看见’的，这种环境性评定只能由正在进行判断的人作出。”[①] 菲尼斯认为，当威金斯采纳这样一种观点的时候，他明显是将自己置身于亚里士多德的伦理学传统之中。

然而，尽管菲尼斯肯定了威金斯对亚里士多德伦理学传统的回归，但这并不意味着他认为该传统已能彻底解决对基本价值的选择这一问题。在实践推理的起点这一问题上，亚里士多德的观点令人疑惑，引起了后世的广泛争论。争论的焦点集中在亚里士多德是否对目的和手段予以了深思熟虑甚至理智确认这一点上。很多人正确地指出，亚里士多德的确做到了这一点；但是，并没有人能够将这些目的是什么说得太清楚，只有阿奎那在这一点上发展了亚里士多德的理论。[②]

在菲尼斯看来，阿奎那的发展具有双重性。“第一，他否认了力求某个单一的、能被个体在其有生之年充分参与的终极目的这一亚里士多德式伦理学的趋势。第二，他通过追溯对构成人类兴旺之基本目的的识别史详述了亚里士多德思想的某些含义。”[③]

具体地说，阿奎那在以下五个方面识别了人类兴旺的基本目的：

第一，“一般而言，某人意志的一般客体是可理解的善。在这个一般客体之中，‘理解’并‘包含’了那些善的形式。这些形式不仅是具体的人类能力的目的，而且是处于其自然完整状态中的整个人的目的”[④]。

第二，“当阿奎那认为不只存在一个而是存在一系列实践理性的‘第一原则’时”，基本善的清单“就向其合适的篇幅发展”。[⑤]

第三，“将某人的合理性扩展至其决定和行动之中的善，就是我们称之为实践智慧的美德这样一种倾向。正是这种倾向为所有其他道德品性提供了不可或缺的引导”[⑥]。

---

① John Finnis, *Fundamentals of Ethics*, Clarendon Press, 1983, p. 67.

② John Finnis, *Fundamentals of Ethics*, Clarendon Press, 1983, pp. 67 – 68.

③ John Finnis, *Fundamentals of Ethics*, Clarendon Press, 1983, p. 68.

④ John Finnis, *Fundamentals of Ethics*, Clarendon Press, 1983, p. 68.

⑤ John Finnis, *Fundamentals of Ethics*, Clarendon Press, 1983, p. 68.

⑥ John Finnis, *Fundamentals of Ethics*, Clarendon Press, 1983, p. 69.

第四，实践理性的第一原则本身并非道德原则，它们只是美德的起源。[①]

第五，因此，在第一原则与道德规范之间，存在一个可以由某种“推导”或推论过程来填充的逻辑空间。“这种推导或推论在某些情况下是即时的和显而易见的，但在另外一些情况下它需要智慧，即不是在每个人甚至大多数人那里所能发现的某种合理性”[②]。

对于阿奎那在这五个方面的努力，菲尼斯完全赞成前四个方面。但是，在第五个方面，菲尼斯并不认为阿奎那能够通过某种推导过程填充在第一原则与道德规范之间存在的逻辑空间。他认为阿奎那的思路具有神学的性质，而非哲学伦理学的性质。具体地说，阿奎那对道德规范的证成是通过天启的作用来实现的，而不是通过实践智慧来实现的。[③] 有趣的是，尽管阿奎那并未尝试通过实践智慧来证成道德规范，但他本人关于实践智慧的理论恰恰成为菲尼斯证成道德规范的起点。

菲尼斯将阿奎那的实践智慧观区别为一个双层运动。第一层运动是从所有人都认可的价值和原则到只能为智者所认识的道德规范的运动，第二层运动是从对作为机会的可能性的评价到个人的实践选择的运动。在第二层运动中，实践选择在无需任何一般原则或规范予以唯一地确定或要求的条件下，就可以具备合理性的客观性。具体地说，从价值判断到实践选择，从“善”到“正确”，是通过实践合理性的基本要求来完成的；一旦遵守了实践合理性的基本要求，也就实现了对基本价值的正确选择。[④]

第二节　实践合理性的基本要求

上一节已经指出，要实现对基本价值的正确选择，必须遵守实践合理性这一基本价值的基本要求。作为一项基本价值，人们对实践合理性的参

① John Finnis, *Fundamentals of Ethics*, Clarendon Press, 1983, p. 69.

② 参见 John Finnis, *Fundamentals of Ethics*, Clarendon Press, 1983, p. 69.

③ John Finnis, *Fundamentals of Ethics*, Clarendon Press, 1983, p. 69.

④ John Finnis, *Fundamentals of Ethics*, Clarendon Press, 1983, pp. 69 – 70.

与正是指在参与其他基本价值的过程中，运用实践合理性来指导其承诺(commitment)、计划之选择和执行计划之行为。因此，实践合理性在基本价值之中占据着一种独特的中心地位，正是在这种意义上，“实践合理性的善为我们追求诸种善提供了结构”①。当然，需要强调的是，这并不意味着实践合理性就是最高的善——在基本价值之间不存在客观等级次序。“合理地实践的意义并不是：合理地实践，就完了。它毋宁是：良好地参与所有人类善”②。

一、实践合理性的十项基本要求

在简要追溯伦理学这一以实践合理性为主题的学科的发展梗概后，菲尼斯指出，两千多年来，哲学反思已经确立了大量的在实践推理中的方法要求（requirements of method)。“每一项这种要求都关系到如果一个人准备参与实践合理性这一基本价值的话那么他必须做什么、思考什么或者成为什么这些问题。”③ 那么，这些实践合理性的要求究竟是什么呢？菲尼斯给出了以下九项：

第一，要制定一个融贯的人生计划。这个计划所要解决的中心问题还是已经反复提及的问题，就是选择者要基于自身的实际情况而为自己制定一份能将自己对七项基本价值的参与最大限度地协调起来的人生计划。在这里，菲尼斯借鉴了罗尔斯（1921—2002）所论述的“合理的生活计划”（a rational plan of life）理论。罗尔斯认为：“我们应当把我们的人生看作一个整体，一个理性主体的活动贯穿于一生的全部时间之中。暂时的状况，或时间上的间隔，不是我们把某一时刻看得比另一时刻重要的理由。”④

第二，不得任意偏爱某项价值。凡要承诺做出一个融贯的人生计划，就意味着对某些基本价值的关注要优先于对其他基本价值的关注。但是，菲尼斯指出：“这种承诺只有建立在一个人对自身能力、处境甚至爱好的

---

① John Finnis, *Natural Law And Natural Rights*, Clarendon Press, 1980, p. 100.

② John Finnis, *Fundamentals of Ethics*, Clarendon Press, 1983, p. 72.

③ John Finnis, *Natural Law And Natural Rights*, Clarendon Press, 1980, p. 102.

④ ［美］约翰·罗尔斯：《正义论》，何怀宏、何包钢、廖申白译，中国社会科学出版社 1988 年版，第 422 页。

基础上时才是合理的。”[①] 也就是说，尽管在选择者的人生计划中，基本价值之间存在着主观的优先性次序，但这种主观性是建立在选择者实际情况基础上的主观性，是受制于一定客观条件的主观性，而不是任意的主观性。这就是“不得任意偏爱某项基本价值”这项要求的含义。

第三，不得任意偏爱某个人。这里的“某个人”最优先的所指是选择者自己，因此这一要求最重要的含义就是不得有不合理的自我偏爱这一含义。之所以说“某个人”最优先的所指是选择者自己，并不是因为选择者的幸福比别人更重要，而仅仅是因为这是选择者本人的幸福。“对我而言，偏爱我的幸福的唯一理由是：正是通过我自我决定性的和自我实现性的对基本善的参与，我才能够做合理性所建议和要求我做的”[②]。但是，作为实践合理性的基本要求，选择者所能做的要受到实践合理性的限制。也就是说，这种偏爱必须是合理的，而不是不合理的。于是，这一要求又内在地要求为自我偏爱确立合理的界限这一点。那如何才能做到后者呢？菲尼斯认为，只要我们注意基本实践原则与爱好、能力等的区别，我们就能受理性要求去优先选择某些基本善并避免、阻止其对立物；这样一来，我们就不会对个人表现出不合适的偏爱了。

第四，超然。“在人的一生所有不断变化的境遇中，在一个人与他人所有经常无法预见的关系中，在一个人所有实现他人幸福或减轻困苦的机会中，为了保证对所有善的基本形式的充分的开放性，一个人必须对他所从事的一切具体的和有限的计划保持超然的态度”[③]。如果不能保持超然的态度，人们就可能因为个别计划的失败而对整个人生丧失信心。

第五，承诺。“承诺”一词在菲尼斯那里有两层含义：（1）它在一般意义上使用，指人作出某一具体计划并使之对其具有某种约束力；（2）它在特殊意义上使用，也就是这里作为实践合理性的第五项要求的意义。后一种意义是指这样一项要求，一旦某人作出了一般性的承诺（general commitments），他就不应该轻易地放弃它们。这一要求的积极意义是：“人应当创造性地寻求更新更好的执行其承诺的方法，而非将其视野与努力局限在他已熟悉的计划、方法和常规之中。”[④]

---

① John Finnis, *Natural Law And Natural Rights*, Clarendon Press, 1980, p. 105.

② John Finnis, *Natural Law And Natural Rights*, Clarendon Press, 1980, p. 107.

③ John Finnis, *Natural Law And Natural Rights*, Clarendon Press, 1980, p. 110.

④ John Finnis, *Natural Law And Natural Rights*, Clarendon Press, 1980, p. 110.

第六，结果的有限的相关性——在理性范围内的效率。实践合理性的第六项要求的含义正如其名称所显示的那么复杂，它不仅具有与其他要求一样的品性，更重要的是，它涉及菲尼斯对现代伦理学理论的整体理解，进而涉及菲尼斯本人的伦理学理论，故而需要详细论述。这项要求就是："人应通过能有效达到其合理目的的行为来给世界带来善。"① 菲尼斯承认："在许多情况下，对可供选择的各种决定的后果予以计算、判断、比较、衡量并评估是可能的和唯一合理的办法。"② 也就是说，他认可了在实践推理中运用结果比较这种方法的可能性和合理性。但是，他随即指出，由于第六项要求作为实践合理性的一项要求必须与其他要求相协调，所以，对于这种结果比较法要保持谨慎的态度。质言之，菲尼斯反对将结果比较法奉为圭臬的结果主义伦理学。菲尼斯对第六项要求的阐述，在很大程度上就是在批判结果主义伦理学的过程中展开的。

这里的"结果主义"应从广义上来理解，它包含了而且主要指涉的是功利主义，功利主义又有行为功利主义与规则功利主义之分。"行为功利主义依据行为本身所产生的后果的善与恶来判断道德行为的有效性，所以我们应该追求在每一种环境条件下能产生最大快乐的行为"③。规则功利主义"判断一个道德行为的正当性依据的是那行为遵循的普遍道德规则，诸如'遵守诺言'、'从不撒谎'等，而不是根据一个具体行为所能产生的好或坏的后果。根据规则功利主义，我们应该追求的行为是那对规则的遵从可产生最大功利的行为"④。

在菲尼斯看来，无论是行为功利主义也好，还是规则功利主义也罢，结果主义的一个根本问题在于其"使善最大化的方法论指令是非理性的"⑤。菲尼斯指出，要实现结果主义伦理学所要求的对善进行衡量和计算这一目的，必须满足下述两个条件之一："第一，人类具有某种单一的、明确的目的或功能；或者，第二，人实际上所追求的不同的目的具有

---

① John Finnis, *Natural Law And Natural Rights*, Clarendon Press, 1980, p. 111.

② John Finnis, *Natural Law And Natural Rights*, Clarendon Press, 1980, p. 111.

③ [英] 尼古拉斯·布宁、余纪元编著：《西方哲学英汉对照辞典》，人民出版社2001年版，第1045页。

④ [英] 尼古拉斯·布宁、余纪元编著：《西方哲学英汉对照辞典》，人民出版社2001年版，第1045页。

⑤ John Finnis, *Natural Law And Natural Rights*, Clarendon Press, 1980, p. 113.

某种共同的因素。"[1] 但是，菲尼斯认为上述两个条件均无法实现。他将持有如第一个条件这种看法的人视为"无人性的极端分子"而予以简单的驳斥。相比而言，第二个条件由于将善界定为"欲望的满足"，从而呈现出更加复杂的问题。首先，采纳这一条件有可能将与价值一致的欲望和与价值冲突的欲望混为一谈，存在不分善恶的危险；其次，即使区分了与价值一致的欲望和与价值冲突的欲望，并根据结果主义的要求将两者相抵从而试图得出某种"最大量的净善"（net maximum good）或者"最小量的净恶"（net minimum evil）[2]，这种做法也是不可行的，因为它无视各种欲望之间的不可通约性；最后，即使排除了那些与价值冲突的欲望，在与价值一致的欲望之间进行比较依旧是不可能的，这仍然是因为各种欲望之间的不可通约性。

按照菲尼斯"因为它是一种善，所以我渴求它"的立场，欲望之间的不可通约性，源于基本善之间的不可通约性。正是在这个意义上，菲尼斯说："将净善最大化这一结果主义的方法论指令是没有意义的。"[3]

除了上述方法论指令的不可能性以外，菲尼斯还指出结果主义在下述几个方面都存在主观专断的问题：第一，结果主义无法提供任何理由来解释偏爱利他主义胜于利己主义的问题；第二，结果主义预设了可供选择的方法的有限性，但实际上可供选择的方法是无限的，因而从理性上讲，对可供选择的可能性的一种真正的结果主义评估根本就不可能，也不应该开始。[4]

在以结果主义在实践中的不可能性结束对结果主义的批驳之后，菲尼斯也就通过反面阐述的方式完成了对第六项要求的解释，即在承认第六项要求的前提下同时指出："但是它的合适适用范围有限，凡是试图将它作为实践思考的唯一的或最高的、甚或中心的原则的努力都是非理性的，因而是不道德的。"[5] 换言之，在坚持第六项要求的同时，也要坚持其他要求，并接受其他要求对第六项要求的限制。

---

① John Finnis, *Natural Law And Natural Rights*, Clarendon Press, 1980, p. 113.

② ［英］约翰·菲尼斯：《自然法与自然权利》，董娇娇、杨奕、梁晓晖译，中国政法大学出版社2005年版，第94页。

③ John Finnis, *Natural Law And Natural Rights*, Clarendon Press, 1980, p. 115.

④ 参见 John Finnis, *Natural Law And Natural Rights*, Clarendon Press, 1980, pp. 115 - 117.

⑤ John Finnis, *Natural Law And Natural Rights*, Clarendon Press, 1980, p. 118.

第七，尊重每一行为所蕴涵的每种基本价值。[①] 关于这一要求，存在以下多种表述方式：人不应该选择从事任何其本身只会损坏或者阻碍实现、参与基本善的行为；[②] “目的不能证成手段的正当性”；“恶行之中不能产生出善来”[③]；康德的“绝对命令”；[④] “不得选择直接攻击某种基本善”[⑤]。

这一要求的基本意义是：人所应当从事的每一个行为都应当蕴含着独立的基本善。行为与行为之间的关系，可能是手段行为与目的行为之间的关系，但是不能因为这种关系就以目的行为的正当性来证成手段行为的正当性，每一个行为的不同后果之间是不可通约的。菲尼斯承认，由于在选择者的人生计划中，基本价值之间存在着主观的优先性次序，因此，选择者对某些基本善的关注必然会间接地损害另外一些基本善。但是，间接损害基本善的行为明显不同于直接损害基本善的行为，这也就是上文中最后一项表述将“攻击”限制为“直接攻击”的原因。

菲尼斯指出，考察第七项要求的含义时最主要的问题是对行为如何予以个性化和特性化，以确定什么行为算得上一个其本身除了损坏某一基本善之外一无所是的完整行为；因为一旦确定了这样的行为之后，我们就可以根据第七项要求禁止这种行为。所谓个性化，就是说要根据“意图”所表示的各项因素来对行为予以个性化，其中，考虑行为者的实践推理非常重要；[⑥] 所谓特性化，就是要将行为置于行为者得出结论的实践推理的相关思路中来予以特性化。

第八，共同善的要求。这项要求的意思是指要偏爱并培养共同体的共同善，由于该项要求与菲尼斯本人的自然法理论有着整体性的关联，故容后文专门论述。

---

① 参见［英］约翰·菲尼斯：《自然法与自然权利》，董娇娇、杨奕、梁晓晖译，中国政法大学出版社 2005 年版，第 97 页。

② 参见 John Finnis, *Natural Law And Natural Rights*, Clarendon Press, 1980, p. 118.

③ ［英］约翰·菲尼斯：《自然法与自然权利》，董娇娇、杨奕、梁晓晖译，中国政法大学出版社 2005 年版，第 99 页。

④ “你要如此行动，即无论是你的人格中的人性，还是其他任何一个人的人格中的人性，你在任何时候都同时当做目的，绝不仅仅当做手段来使用。”李秋零主编：《康德著作全集》（第 4 卷），中国人民大学出版社 2005 年版，第 437 页。

⑤ John Finnis, *Natural Law And Natural Rights*, Clarendon Press, 1980, p. 123.

⑥ John Finnis, *Natural Law And Natural Rights*, Clarendon Press, 1980, p. 152.

第九，遵从良心。这项要求是指："人不应当做那些他断定、认为或者从各方面看来都'觉得'不应当做的事情。"[①] 特别地，即便良心判断发生错误，只要判断者认识不到这种错误，那么遵从良心也就意味着遵守实践合理性的要求。

在实践合理性的上述九项要求中，前三项要求是对基本善、参与基本善的机会和参与基本善的人这三者的多样性的回应；第四项要求和第五项要求是对过度热心与冷漠、惰性的情感影响的回应；第六项要求要求比单纯的善意更多的东西；第七项要求则与保罗原则（即"别因为善而行恶"）和康德的绝对命令相一致；第八项要求承认了要通过群体行为和群体成员的行为来实现和保护人类善；第九项要求则是在面对盲从因袭和其他诱惑的情况下对将合理判断扩展至合理选择这一问题的回应。[②]

值得注意的是，在《伦理学基础》中，通过对诺齐克所举的体验机一例的再思考，菲尼斯增加了实践合理性的第十项要求——不要选择似是而非的善。人们一定要"知道这些似是而非的善只是真正的善的伪装。即使在它们带来真正的情感或体验、真正的满足时，也是如此"[③]。

实践合理性的这十项要求构成了道德性（morality）的内容。用菲尼斯的话说，就是"每一项要求都可以被视为一种道德义务或责任的模式"[④]。所以，基本善与基本实践原则本身并不具有道德属性，它们具有"前道德"的性质；具有道德属性的是在基本善中处于结构性地位的实践合理性的十项要求，而非实践合理性本身。"实践合理性的要求产生了道德语言，这种语言利用并诉诸或多或少自发使用的道德特性"[⑤]。理解了实践合理性与道德性的关系，就不难理解道德观点的多样性，它根源于"太过关注某些基本价值或某些基本要求，并忽视了其他基本价值或其他基本要求"[⑥]。但是，也不能因为道德观点的多样性就忽视了实践合理性的基本要求相互之间的联系。

---

① John Finnis, *Natural Law And Natural Rights*, Clarendon Press, 1980, p. 125.

② 参见 John Finnis, *Fundamentals of Ethics*, Clarendon Press, 1983, p. 75。

③ John Finnis, *Fundamentals of Ethics*, Clarendon Press, 1983, pp. 75 – 76.

④ John Finnis, *Natural Law And Natural Rights*, Clarendon Press, 1980, p. 126.

⑤ John Finnis, *Natural Law And Natural Rights*, Clarendon Press, 1980, p. 127.

⑥ John Finnis, *Natural Law And Natural Rights*, Clarendon Press, 1980, p. 127.

二、实践合理性诸要求之间的相互联系

菲尼斯认为，所有的实践合理性的基本要求都是相互关联的，“并能被视为彼此的一个方面（aspects one of another）”[①]。他还指出，与每种善的基本形式一样，每一项实践合理性的基本要求都是“根本的、不可推导的、不可化约的，因而当其被集中关注时，可以被视为是最重要的”[②]。

因此，实践合理性的基本要求并不是由基本实践原则推导而来的，它们是不可推导的；在很多特征上实践合理性的基本要求都与基本善的特征相一致，但是，在一个核心特征上却与后者不相同：那就是尽管实践合理性的基本要求也是不可化约的，但是它们又是相互关联的，“并能被视为彼此的一个方面”；而基本善则不具备这种相互关联性，更不可能“被视为彼此的一个方面”。

需要指出的是，实践合理性的基本要求之间的相互关联性这一特征是非常重要的，对此需要认真理解。一方面，它的意思是并不是说实践合理性的某一项基本要求足以包含其他基本要求，因为每项基本要求都是不可化约的；但是，另一方面，又不排除可以通过实践合理性的某一基本要求考察其他基本要求的可能性，这是由它们的相互关联性所决定的。

实践合理性的基本要求之间的相互关联性这一特征，在菲尼斯的自然法理论中主要体现在以下两个方面：

第一，菲尼斯认为正义的要求既是共同善这一实践合理性第八项要求的具体化，[③] 又是实践合理性各项要求的总和。[④]

第二，菲尼斯认为权利的现代语法提供了一种表达几乎所有实践合理性的要求的方式，[⑤] 同时又从正义关系之受益人的角度提供了一种讨论“何为正义的”这一问题的方式。[⑥]

所以，不能僵化、孤立地理解实践合理性的各项要求，但同时也要注

---

① John Finnis, *Natural Law And Natural Rights*, Clarendon Press, 1980, p. 105.

② John Finnis, *Natural Law And Natural Rights*, Clarendon Press, 1980, p. 102.

③ 参见 John Finnis, *Natural Law And Natural Rights*, Clarendon Press, 1980, p. 164。

④ 参见 John Finnis, *Natural Law And Natural Rights*, Clarendon Press, 1980, p. 161。

⑤ 参见 John Finnis, *Natural Law And Natural Rights*, Clarendon Press, 1980, p. 198。

⑥ 参见 John Finnis, *Natural Law And Natural Rights*, Clarendon Press, 1980, p. 205。

意到它们之间的相对独立性;[①] 同时，从上述两个方面也可以看出，共同善的要求（正义的要求）实质上在实践合理性的各项基本要求之中占据着一个结构性的核心地位。

本章研究了菲尼斯的伦理学理论，这构成了他的自然法理论的伦理学背景。菲尼斯坚持客观主义伦理学的基本立场，认为存在着生命、知识、游戏、审美体验、社交（友谊）、实践合理性、“宗教”等七项基本价值。基本价值具有不证自明性、客观性和普遍性。在基本价值之间不存在客观等级次序，这使得人们只能根据自身的实际情况来对基本价值作出具有主观优先性的选择。但是，这种带有主观性的选择不是随意为之的，它必须符合实践合理性的十项基本要求，这十项要求构成了道德性的内容。在这十项要求之中，共同善的要求占据着一种结构性的核心地位，因而也构成了第三章的主题。

① 菲尼斯在论述实践合理性的第九项要求——“遵从良心”时也涉及了这一点，参见 John Finnis, *Natural Law And Natural Rights*, Clarendon Press, 1980, p. 125。

第三章　共同善的正义与权利之维

上一章已经述及，菲尼斯认为：基本善是不证自明的、显而易见的，它不能被证明、但同样也不需要任何证明；人们通过参与实践合理性这一基本价值的方式参与了其他基本价值；在参与实践合理性的过程之中，实践合理性又对人的行为提出了十项要求，从而构成“道德性”的内容。但是，正如他对休谟的理解那样——认识了道德并不足以为人的行为提供义务基础，他又尝试要将道德与人的行为勾连起来。那么，这是如何可能的呢？这就需要考察菲尼斯对共同善的思考。

菲尼斯敏锐地注意到了上述问题，他问道，实践合理性的基本要求真的会在人自我建构的过程中发挥作用么？或者说，在实际生活中，究竟是道德性的要求在发挥作用呢，还是合理的自我利益（rational self - interest）的要求在发挥作用呢？[①] 其实，一旦触及实际生活的层面，“合理的自我利益”这一概念多多少少还是会令人误解，因为“合理的”蕴含着某种价值评价的色彩，从而与人的实际生活并不能保证完全的一致。正如菲尼斯所指出的：“但是，并不是每个人都对‘自我利益’感到心安理得，这种利益正在脱离‘自我建构’的尊严，而滑向没有道德尊严的‘自我中心’和‘自私自利’。”[②]

所以，菲尼斯所要处理的首要问题是要对个人幸福与他人幸福的关系作出一个适当的分析，以此为将道德与人的实际生活勾连起来这一任务奠定基础。

---

① 参见 John Finnis, *Natural Law And Natural Rights*, Clarendon Press, 1980, p. 134。

② John Finnis, *Natural Law And Natural Rights*, Clarendon Press, 1980, p. 134.

第一节　共同体

一、统一性关系的四种类型

菲尼斯是从对“共同体”（communnity）的理解出发，展开他对个人幸福与他人幸福之关系的分析的。他将“共同体”与“社会”（society）放在相同意义上使用，这种意义就是强调人与人之间关系与互动的问题。所以，他给共同体作出的定义是：“共同体是一种人与人之间统一性关系（unifying relationship）的形式。”① 菲尼斯认为，人与人之间存在四种统一性关系。他说：“事实上，我们能够确认人类理智遵守统一性关系的四个基本方面，并且能够表明人类共同体在所有四种‘秩序’中涉及关系问题。（‘秩序’仅仅指一组统一性关系）”②

在具体介绍这四种秩序之前，需要先行指出的是：它们是分析性的。换句话说，在某一行为中，完全可能同时存在多种秩序，而并不是说在某一行为中只能存在一种秩序。菲尼斯在论述这四种秩序时，恰恰就是以听众聆听讲演者所作的讲座这一行为为例来说明（在该行为中同时存在的）四种秩序的。

“第一种秩序，可以被我们理解但却不是被我们自己所引起的：这就是‘自然科学’所研究的秩序”③。听众在聆听讲座时要听到讲演者的声音，这种声音意味着在声学意义上在听众与讲演者之间存在着一种秩序，这就是第一种秩序。我们在人类共同体中的统一性，其中一部分就是这种物理性的和生物性的秩序。

“第二种统一性或秩序，可以被我们引入我们的理智本身之中：这就是逻辑学、认识论、方法论和相似学科所反思地研究的秩序，它在每个知识体系和每个话语领域的内在融贯性中表现得更加直接”④。听众在聆听

① John Finnis, *Natural Law And Natural Rights*, Clarendon Press, 1980, p. 136.

② John Finnis, *Natural Law And Natural Rights*, Clarendon Press, 1980, p. 136.

③ John Finnis, *Natural Law And Natural Rights*, Clarendon Press, 1980, p. 136.

④ John Finnis, *Natural Law And Natural Rights*, Clarendon Press, 1980, pp. 136 – 137.

讲座时要听到讲演者的说明、论证和解释。在这种意义上在听众与讲演者之间存在的秩序就是第二种秩序。“我们在人类共同体中的统一性，其中一部分就是理智在其能力、其效用、其产物、知识上的统一性”[①]。

“第三种统一性或秩序，可以被我们引入或施加在受制于我们权力的一切事务之中。这就是被技艺（如烹调、造船、航海）、技术、所有运用科学还有人类符号制造学（如语言学、文学评论的某些方面）所研究的秩序”[②]。听众在聆听讲座时要听到讲演者所说的某种语言。在这种意义上在听众与讲演者之间存在的秩序就是第三种秩序。“我们在人类共同体中的统一性，其中一部分就是共享语言、共同技术、共同技能（如在一支管弦乐队中）、共同股本等的文化统一性”[③]。

“第四种统一性或秩序，可以被我们通过理智的考虑和选择而引入我们自己的行为与性情（dispositions）之中。这种秩序可以从多个方面被研究，如心理学的一个分支、传记和人文历史、伦理学和政治哲学等等”[④]。听众在聆听讲座时在听众与讲演者之间要发生一种师生意义上的授受关系。在讲演与听讲演的过程中，听众与讲演者都在做出各自的自我建构性的决定——听众的决定是从他人那里获得知识的决定，讲演者的决定是向他人传授知识的决定。在这种意义上在听众与讲演者之间存在的秩序就是第四种秩序。“我们在人类共同体中的统一性，其中一部分就是共同行动（common action）的统一性”[⑤]。必须指出的是，菲尼斯在上面这句话中论及第四种秩序时提出了“共同行动”的概念。这是区别于前三种秩序的，因为前三种秩序都不涉及人与人之间的共同行动。再以听众聆听讲座为例，前三种秩序分别涉及讲演者讲演时所发出的声音、阐述的内容和使用的语言，但就是没有涉及在行为人作出自我建构性决定的意义上、在讲演者与听众之间存在的秩序——第四种秩序。通过行为人作出和执行自我建构性决定这一过程，可以将讲演者作讲演与听众聆听讲演的行动统一称之为一个“共同行动”。

反观前文中菲尼斯对“共同体”与“社会”这两个概念的意义的强

---

① John Finnis, *Natural Law And Natural Rights*, Clarendon Press, 1980, p. 137.

② John Finnis, *Natural Law And Natural Rights*, Clarendon Press, 1980, p. 137.

③ John Finnis, *Natural Law And Natural Rights*, Clarendon Press, 1980, p. 137.

④ John Finnis, *Natural Law And Natural Rights*, Clarendon Press, 1980, p. 138.

⑤ John Finnis, *Natural Law And Natural Rights*, Clarendon Press, 1980, p. 138.

调——人与人之间的关系与互动，不难看出，他所关注的重点是第四种秩序，因为前三种秩序不能取代第四种秩序所蕴含的共同行动；也就是说，他所使用的“共同体”概念主要是第四种秩序意义上的共同体。

进一步地，即使是将人类共同体定位为第四种秩序意义上的共同体，也并不意味着这种共同体的含义就已经非常确定了。在这里，菲尼斯运用了他的基本方法论——对中心情形和核心意义的选择，并将这一方法论在共同体这一概念上的运用追溯到亚里士多德，为其下一步关于共同善的理论奠基。

二、人类共同体的三种类型

菲尼斯认为，亚里士多德有关友谊（philia）及其类型的讨论基本上对应着第四种秩序意义上的共同体，后者将友谊分为效用（utility）关系、“快乐”（pleasure）关系和完整意义上的友谊（即“友谊”的中心情形）三个类型。

如果说两个人之间存在效用关系，它的意思是在这两个人之间存在某种共同利益和某种共同行动，“但是所有这些都是为了他们分别实现各自的目标”①。因此，这些目标是个别性的和私人性的。这种个别性和私人性表现在两个方面：第一，效用关系中的一方对另一方目标的实现并不关心，除非后者目标的实现有利于前者目标的实现；第二，效用关系中的各方均不把共同行动视为其目标的一个组成部分。菲尼斯又将效用关系称之为商业关系或商业共同体。共同行动在其中具有一种手段性的特征。

如果说两个人之间存在“快乐”关系，就意味着在这种关系中，共同行动是各方的目的或其目的的某种实质构成。最典型的“快乐”关系的例子就是作为基本价值之一的游戏。游戏的参与者仅仅是为了游戏本身而游戏。因此，菲尼斯又将这种“快乐”关系称之为游戏关系或游戏共同体。共同行动在其中具有一种目的性的特征。

如果说甲、乙二人之间存在完整意义上的友谊，它的意思是说：“（1）甲为了（或者愿意为了）乙的幸福，从而为了乙而行为；（2）乙为了（或者愿意为了）甲的幸福，从而为了甲而行为；（3）他们两个人

---

① John Finnis, *Natural Law And Natural Rights*, Clarendon Press, 1980, p. 140.

都了解对方的活动、愿望和知识；（4）他们两个人都将各自的（至少是一部分）活动与对方的活动（包括友谊行为）相协调（co－ordinates），以至于不仅在知识上，而且在活动上（因而通常也在享受和满足上）存在共享性（sharing）、共同体性（community）、相互性（mutuality）和互惠性（reciprocity）。"[①] 也可以将上述四项理解为完整意义上的友谊的要件。

进一步地，菲尼斯指出，友谊的核心就是以下几点辩证法：

第一，"拥有一个朋友是一种基本形式的善。那就是说，对任何人（如甲）而言，拥有一个朋友（如乙）是他本人幸福的一个基本方面"[②]。

第二，"如果甲是乙的朋友，甲就必须为了乙的幸福而行为（至少是在实质部分），必须为了乙而重视乙的幸福。甲必须将乙的幸福视为甲自己幸福的一个方面"[③]。这里，有两层相对独立的含义：首先，甲必须为了乙而重视乙的幸福，而不是为了甲自己才重视乙的幸福；其次，甲必须首先重视乙的幸福，再将乙的幸福视为甲自己幸福的一个方面，这一顺序不能颠倒。

第三，"另一方面，对甲列出的上述两个步骤同样也适用于乙"[④]。

菲尼斯多次强调，友谊是共同体的最强的（intense）形式、最共享的（communal）的形式，尽管它不是共同体最普遍的（extended）和最复杂的（elaborated）形式。[⑤] 需要指出的是：正如菲尼斯所划分的四种秩序具有分析性一样，商业共同体、游戏共同体和友谊共同体这三种形式也具有分析性——在现实生活中，这三类共同体的界限并不是很分明。[⑥] 当然，从共同体这一概念上讲，友谊共同体具有一种中心情形的地位，它是完整意义上的共同体。[⑦]

由于沿用了亚里士多德有关友谊及其类型的讨论，并在此基础上推演出友谊共同体，菲尼斯也注意到了亚里士多德在该问题上对柏拉图的批

① John Finnis, *Natural Law And Natural Rights*, Clarendon Press, 1980, p. 142.
② John Finnis, *Natural Law And Natural Rights*, Clarendon Press, 1980, p. 142.
③ John Finnis, *Natural Law And Natural Rights*, Clarendon Press, 1980, p. 143.
④ John Finnis, *Natural Law And Natural Rights*, Clarendon Press, 1980, p. 143.
⑤ 参见 John Finnis, *Natural Law And Natural Rights*, Clarendon Press, 1980, pp. 141－143。
⑥ 参见 John Finnis, *Natural Law And Natural Rights*, Clarendon Press, 1980, p. 142, p. 149。
⑦ 参见 John Finnis, *Natural Law And Natural Rights*, Clarendon Press, 1980, pp. 143－144。

评，并对这种批评的思想逻辑中作出进一步发展。“柏拉图倡导在政治共同体（城邦）内部共享妇女和儿童、商品和财产”[①]。而在亚里士多德看来，柏拉图这种以友谊之名所阐述的“共同体主义”（communism）[②] 的主张实质上会导致家庭的解体，从而是对友谊的一种“强劲的稀释和淡化”。[③] 菲尼斯赞成亚里士多德的这一批评，但是需要指出的是：在柏拉图那里，只存在一个共同体——政治共同体；而在亚里士多德和菲尼斯那里，正如菲尼斯对共同体所下的定义所表明的那样，存在多个共同体——家庭、邻里共同体、政治共同体等等。因此，之于菲尼斯，不但要警惕政治共同体的共同体主义，还要警惕一切其他共同体的共同体主义。政治思想中针对共同体主义的是所谓辅助原则（subsidiarity），“它断言联合体的正确功能是帮助联合体的参与者实现自助。更准确地说，这种自助就是通过选择承诺（包括对友谊和其他联合体形式的承诺）、并依靠各种计划（当然，许多计划在执行中都将是合作性的，甚至在目的上是共享性的）中个体的创造性和努力来实现这些承诺的个体主动性来建构他们自己”[④]。这一辅助原则的根源就在于菲尼斯曾借用诺齐克的“体验机”所说明的：只有通过自己的行动，人才能完全参与到基本善中去。

三、完全共同体

如上所述，在论述辅助原则的时候，菲尼斯已经指出人类共同体在现实中存在家庭、邻里共同体、政治共同体等多个共同体，并且论证了从家庭到政治共同体发展的必然性。[⑤] 在这种必然性中，可以看出人类对一种“完全共同体”（complete community）的期待。这种完全共同体是一个全面的联合体。“在其中，个人、家庭与大量的中间联合体的各种机遇和活动都

---

① John Finnis, *Natural Law And Natural Rights*, Clarendon Press, 1980, p. 144.

② “communism”一词，在中文里一般译为“共产主义”，这里根据菲尼斯的理论逻辑译为“共同体主义”。关于“communism”的一个思想史梳理，参见［英］戴维·米勒、韦农·波格丹诺主编：《布莱克维尔政治学百科全书》，邓正来主编（中译本），中国政法大学出版社 2002 年版，第 150—152 页。

③ ［英］约翰·菲尼斯：《自然法与自然权利》，董娇娇、杨奕、梁晓晖译，中国政法大学出版社 2005 年版，第 118 页。

④ John Finnis, *Natural Law And Natural Rights*, Clarendon Press, 1980, p. 146.

⑤ 参见 John Finnis, *Natural Law And Natural Rights*, Clarendon Press, 1980, pp. 145 - 146。

得到了协调。这种全面的联合体的意义在于确保所有物质条件和其他条件(包括合作的形式)。这些条件有利于促进每一个体自我发展的实现。”[①] 需要注意的是，这种完全共同体是人类在现实中的一种期待，而不是共同体这一概念的中心情形——友谊共同体。这两者一定要区别开来。同时，正如下文即将指出的，这种完全共同体的完全性也仅仅是一个假设。

人类对完全共同体的追求，早在古希腊就已出现。亚里士多德将城邦视为完全而自足的共同体的典型。它具有无所不包的功能。在现代社会，代替城邦而具有无所不包的功能是国家。后者也宣称自己是完全的和自足的。正是在这种意义上，国家这一共同体保留了亚里士多德用来称呼城邦的称谓——政治共同体，只是“政治”的含义已经发生变化——“与完全共同体的事务相关的行动和话语的领域”。[②] 因此，完全共同体就是政治共同体。然而，将国家作为一个完全共同体仅仅是一个假设，因为人们发现，在现代社会，某些个体的善只能在国际共同体中才能得到完全的保障和实现。

上文从人类共同体的三种类型论述到了政治共同体，人们不禁要问，人类共同体的三种类型尤其是作为其中心情形的友谊共同体，与政治共同体的关系究竟何在呢？进一步地，由于菲尼斯的权威理论、法律理论、义务理论都建立在政治共同体之上，那么，人类共同体的三种类型对于菲尼斯的理论而言又有何意义呢？1985 年，Robert M. Scavone 在《自然法、义务与共同善：菲尼斯不能告诉我们什么》一文中详细讨论了以上两个问题。[③]

Scavone 认为，在菲尼斯的理论中，道德理由之所以成为人们行动的良好理由，是因为在人与人之间存在的统一性关系超越了自我的狭隘边界。共同善的需要促进了从个人到社会的转变，而为这种转变奠定基础的正是菲尼斯的共同体理论。但在 Scavone 看来，菲尼斯这种解释作为一种对政治与法律现实的解释，具有严重的缺点。Scavone 指出，除非商业共同体和游戏共同体等边际情形也正好包含了那些事实上只属于友谊这一中心情形的特征，否则菲尼斯的共同体理论没有任何合理性。[④]

---

① John Finnis, *Natural Law And Natural Rights*, Clarendon Press, 1980, p. 147.

② John Finnis, *Natural Law And Natural Rights*, Clarendon Press, 1980, p. 148.

③ 参见 Robert M. Scavone, ‘Natural Law, Obligation and the Common Good: What Finnis Can't Tell Us’, *U. Toronto Faculty of Law Review*, 1985, (43), pp. 90 - 115。

④ 参见 Robert M. Scavone, ‘Natural Law, Obligation and the Common Good: What Finnis Can't Tell Us’, *U. Toronto Faculty of Law Review*, 1985, (43), p. 109。

菲尼斯指出，理解了友谊这种共同体最强的形式，将会使我们理解共同体对个人幸福和实践合理性而言的意义。然而，Scavone 认为，菲尼斯这种观点的问题非常明显——为了表明实践合理性引导着趋向于共同善的行为，菲尼斯必须指出社会通过其而存在的共同体的边际情形也必须具备以个人爱好为基础的协调、共享、相互性、互惠性和行动的意愿等中心特征；由于社会通过边际情形而存在，因此，在边际情形与中心情形不相类似并且不要求参与者共享相互爱好或关注的互惠性这一点上，它们从特征上讲正是社会的或法律的。[①]

Scavone 指出，从经验上讲，情况可能就是这样。商业关系的双方不必是任何意义上的朋友。事实上，由于商业的法律形式经常预设了一种要求例行公事的对立立场，所以友谊式的感情可能妨碍商业的有序交易。法律关系以双方不是朋友这一点为基础。那些类似于友谊的关系并不是法律的，反之亦然。的确，某些商业关系在关系双方如朋友一样相处时会更加发达，但是人们唯有不得不设想“友好的”银行和“友好的”加油站这样一种商业的庸俗（commercial vulgarity），并试图去理解这些事物较之于合适意义上的友谊到底有多远的距离，而这些事物所排除在外的恰恰是那些标志着中心情形的个人爱好和互惠性。[②]

Scavone 最后总结道，事实上，菲尼斯在同意亚里士多德对柏拉图的友谊式共同体这一理念的批评时，也承认了作为中心情形的友谊并不适合政治共同体这一点。这就使我们必须思考下面这个问题，即友谊在菲尼斯的图式中究竟扮演着什么样的角色。看上去它“被稀释的”对立面恰恰是那些导致共同体超越个体层面的因素。[③]

四、共同体存在的标准与共同善的含义

如何才能断定一个共同体的存在呢？其存在的标准是什么？菲尼斯经

① 参见 Robert M. Scavone，‘Natural Law，Obligation and the Common Good：What Finnis Can't Tell Us’，*U. Toronto Faculty of Law Review*，1985，（43），p. 110。

② 参见 Robert M. Scavone，‘Natural Law，Obligation and the Common Good：What Finnis Can't Tell Us’，*U. Toronto Faculty of Law Review*，1985，（43），p. 111。

③ 参见 Robert M. Scavone，‘Natural Law，Obligation and the Common Good：What Finnis Can't Tell Us’，*U. Toronto Faculty of Law Review*，1985，（43），p. 111。

过分析后认为："目的的共享，而非互动的多样性，是人类群体、共同体和社会的构成要件。"[①] 判断一个共同体存在的标准是存在由一部分具有共同目标的人以互动形式参与的协调性活动。[②] 这种共同的目标意味着人们认识到了持续合作的意义。正是这种意义，被称之为共同善。因此，也可以说，是否存在共同善，就是判断一个共同体是否存在的标准。

作为实践合理性第八项要求的共同善，具有多种含义。其第一层含义是：鉴于诸基本价值对每个人而言都是善的，存在一种对人类的共同善。其第二层含义是：鉴于无数人能以无数种方式或在无数场合参与到某一项基本价值之中，该项基本价值本身是一种共同善。其第三层含义是指一系列条件，它们"能使共同体成员为自身实现合理的目标、或者为自身合理地实现价值。为了这些条件，他们有理由在共同体中（积极地或消极地）彼此协作"[③]。在菲尼斯那里，共同善主要指的是第三层含义。当然，这几层含义之间也是存在一定关系的——由于人类具有第一层含义的共同善，才使得人类共同体中的一系列条件成为可能。所以，菲尼斯说："第一种意义上的共同善因此解释了第三种意义上的共同善的可获得性和相关性。在这方面我们可以在不同的解释层面上说明共同善。"[④]

五、共同善的要求

尽管从《自然法与自然权利》的内在逻辑来看，共同善的要求是通过正义的要求来具体实现的。但是，在 1999 年的《共同善是什么，它为什么与当事人的律师有关》这篇文章中，菲尼斯明显作出了一种不依靠正义理论来论证共同善的要求的努力。[⑤] 在我看来，尽管这篇文章缘起于"律师促进共同善的义务"这么一个专题的讨论，但它却提出了一个解释共同善的要求的一般性理论框架。在某种意义上也可以将其视为菲尼斯对

---

① John Finnis, *Natural Law And Natural Rights*, Clarendon Press, 1980, p. 152.

② 参见 John Finnis, *Natural Law And Natural Rights*, Clarendon Press, 1980, p. 153。

③ John Finnis, *Natural Law And Natural Rights*, Clarendon Press, 1980, p. 155.

④ John Finnis, *Natural Law And Natural Rights*, Clarendon Press, 1980, p. 156.

⑤ 参见 John Finnis, 'What Is the Common Good, and Why does it Concern the Client's Lawyer?' *South Texas Law Review*, 1999, (40), pp. 41 – 53。

其自然法理论中有关共同善的论述的发展。

在这篇文章中，菲尼斯是从行动理由的角度开始讨论共同善的要求的。在他看来，凡行动皆有理由。行动理由可以分为两类：第一类理由是工具性的，服务于进一步的目的；第二类理由则不仅是工具性的，而且其本身就是理性的动机。后一类理由主要是目的，而不是手段。他指出，即使在内在的善（the intrinsic good）不足以证成行动时，通过指出第二类理由来进行相关解释也是不错的。这里的“内在的善”就是指行动的基本理由（the basic reason for action），也即各种基本善。[①] 我认为，不能将“行动的基本理由”与第二类理由混为一谈。前者较之于行动的两类理由而言，具有更加根本的性质。相对来说，行动的两类理由只是一种表层的划分。

为什么内在的善不足以证成行动呢？这是因为存在不止一种基本善，也是因为每种基本善都可以被实现。这一点同时也说明，每种基本善都是一种共同善；但是，在另外一种与这种意义相关却又完全不同的意义上，也可以说每种基本善都是某种共同善的一个方面。不难看出，这里的共同善的两种意义分别对应着《自然法与自然权利》中菲尼斯对共同善给出的第二种和第三种意义。当然，我认为，这并不意味着共同善对人类所具有的第一种意义消失了。菲尼斯在这里没有提及它，只是因为在解释行动的层面上，第一种意义融入到了第三种意义之中。与此同时，第三种意义作为共同善的主要意义依旧在上述文章中得以彰显。

菲尼斯指出：“共同善的理念不是一种提及某些事务状态的方式，不论这些状态是现在的还是将来的。不会因为要评估某种无所不包的共同善而存在任何受到偏爱的时刻；也没有任何受到偏爱的群体使人可以根据其繁盛理性地衡量总体的共同善；在基本的人类善之中，也没有任何一种善可以作为总体净共同善的适合的、唯一的理性衡量尺度。相反，共同善的理念作为实践思考中的一种不可或缺的命令性因素而起作用。人依靠它来对选择和理性行动深思熟虑。”[②]

这里的“繁盛”，指的是所有人和所有共同体的善，又可以被称为

① 参见 John Finnis, ‘What Is the Common Good, and Why does it Concern the Client’ s Lawyer?’ *South Texas Law Review*, 1999, (40), p. 42。

② John Finnis, ‘What Is the Common Good, and Why does it Concern the Client’ s Lawyer?’ *South Texas Law Review*, 1999, (40), pp. 43 – 44.

“完整的人类实现”。完整的人类实现是实践思考中的一种指导原则，与实践理性完整的命令性这一理念相对应。菲尼斯写道：“事实上，对道德或伦理的哲学分析已经使下面这一点非常清楚，即道德的主导原则（在宗教伦理学中，该原则被阐释为，像爱自己一样爱邻人）应该基于哲学目的以下面的术语被阐述：在自愿地为了人类善而行为并避免那些攻击人类善的行为的过程中，人应当选择并且只将特定的可能性作为意志支配的对象。对这些可能性的意志支配过程是与趋向于完整的人类实现的意志相协调的。”①

所以，就我们的意志与向完整的人类实现开放的意志相协调而言，我们完全是合理的。如果一个人做到了下面两点，那他就具有了与向完整的人类实现开放的意志相协调的意志：第一，故意放弃每一个破坏任何人的任何基本善的行为；第二，履行一个人众多不同的尊重和促进共同善的责任。“相应地，道德原则和规范也分为了两个宽泛的类别：第一，毫无例外地排除故意破坏任何人的任何基本善的任何选择的否定性原则或规范，第二，界定人尊重共同善、并在适当情况下追求和促进共同善的积极责任的原则和推导性规范”②。

正是在像爱自己一样爱邻人这一道德的主导原则中，蕴含着积极的黄金规则（己所欲，施于人）；因此，尊重共同善的第一要求就是要尊重自己。③ 进一步地，第一要求构成了共同善的第二要求的基础——尊重他人和他人的权利。权利对共同善而言不只是工具性的，而且是共同善的内在构成部分。④ 由于第一要求和第二要求涉及了共同体内部个人与他人的关系，所以，共同善的第三要求就是尊重在共同体内个人与他人合作的条件。⑤

---

① John Finnis, ‘What Is the Common Good, and Why does it Concern the Client’ s Lawyer?’ *South Texas Law Review*, 1999, (40), p. 44.

② John Finnis, ‘What Is the Common Good, and Why does it Concern the Client’ s Lawyer?’ *South Texas Law Review*, 1999, (40), p. 45.

③ 参见 John Finnis, ‘What Is the Common Good, and Why does it Concern the Client’ s Lawyer?’ *South Texas Law Review*, 1999, (40), p. 46。

④ 参见 John Finnis, ‘What Is the Common Good, and Why does it Concern the Client’ s Lawyer?’ *South Texas Law Review*, 1999, (40), p. 47。

⑤ 参见 John Finnis, ‘What Is the Common Good, and Why does it Concern the Client’ s Lawyer?’ *South Texas Law Review*, 1999, (40), p. 48。

第二节　作为共同善的正义

尽管上文已经指出共同善的三条要求，但是在菲尼斯以《自然法与自然权利》为中心搭建起来的自然法理论中，共同善的要求还是被具体化为正义的要求。[①] 菲尼斯是在学术讨论的最宽泛意义上使用“正义”这一概念的。在他看来，正义具有三个要素：以他人为导向性（other - directedness）[②]、义务（duty）和合比例性（proportionality）。以他人为导向性的意思是说：“正义必须与人们相互之间的关系和行为有关；它是‘主体间性的’或‘人际性的’。”[③] 义务意味着“某种欠对方的或者应给予对方的事物，并对应着对方对该事物享有的权利”[④]。合比例性既可以指算术的平等，又可以指几何的平等；它在不同的场合中以不同的方式呈现出来。正义的这三个要素缺一不可。

但是，上文考察的正义仅仅是一般正义。要进一步考察正义，必须考察正义的具体要求，也即具体正义的问题。菲尼斯将具体正义分为分配正义和交换正义。

一、分配正义

分配正义旨在处理“分配资源、机会、利润与优势、角色与职务、责任、税收与负担等问题”。[⑤] 分配正义的对象是那些从本质上讲是共同的但又基于共同善的原因而需要分配给个体的事物。这样的事物有三类：（A）自然资源；（B1）共同事业（incidents of communal enterprise），共同事业“产生于个体为了改善他们的处境而协作的意愿”，包括“角色、责

---

① John Finnis, *Natural Law And Natural Rights*, Clarendon Press, 1980, p. 164.

② ［英］约翰·菲尼斯：《自然法与自然权利》，董娇娇、杨奕、梁晓晖译，中国政法大学出版社2005年版，第132页。

③ John Finnis, *Natural Law And Natural Rights*, Clarendon Press, 1980, p. 161.

④ John Finnis, *Natural Law And Natural Rights*, Clarendon Press, 1980, p. 162.

⑤ John Finnis, *Natural Law And Natural Rights*, Clarendon Press, 1980, p. 166.

任、职务、负担”等内容;[①]（B2）共同事业所产生的产品。(A) 自然资源与（B2）共同事业所产生的产品又合称为共同积累（common stock）。[②]如果一项分配共同积累与共同事业的方案是合理的，那么就可以说这个方案是符合分配正义的。所以，分配正义的问题在于：“对谁、在什么条件下，作出必要的分配。”[③]

在具体阐述分配正义的标准之前，菲尼斯进一步强调了正义的要求（即共同善的要求）在具体化为分配正义的过程中要注意的问题。那就是不能将共同积累、共同事业二者与共同善相混淆。前者只是实现后者的手段，后者才是目的本身。所以，菲尼斯说：“从根本上讲，共同善就是个体的善。”[④] 正是基于这一原因，前文在论述共同体时所涉及到的辅助原则也就可以作为一条正义原则而被采纳。也就是说，分配正义与辅助原则就其根本目的而言，是相一致的。[⑤]

那么，如何才能实现分配正义呢？这个问题实质上就是有关分配正义的标准问题。菲尼斯给出了五条分配正义的标准。第一，首要标准是需要（need）。第二，第二项标准是职责（function）[⑥]。对需要与职责这两项标准，应联系起来理解——“须要并不与基本的人类善直接相关，而是与共同体中的角色和责任相关。”[⑦] 第三，第三项标准是能力（capacity）。它“不但与共同事业中的角色有关，而且与个体发展的机会有关”[⑧]。第四，应得奖赏（deserts）与贡献。它要么源于自我牺牲，要么源于对努力和能力（ability）的值得赞扬的利用。第五，风险分担。在共同事业中，有可能会发生风险。这些风险可能是由于部分参与者所导致的，或者至少是能被他们所预见并接受的，但是，其他参与者既不是导致它们的原因，

① John Finnis, *Natural Law And Natural Rights*, Clarendon Press, 1980, p. 167. ［英］约翰·菲尼斯：《自然法与自然权利》，董娇娇、杨奕、梁晓晖译，中国政法大学出版社2005年版，第136页。

② ［英］约翰·菲尼斯：《自然法与自然权利》，董娇娇、杨奕、梁晓晖译，中国政法大学出版社2005年版，第136页。

③ John Finnis, *Natural Law And Natural Rights*, Clarendon Press, 1980, p. 167.

④ John Finnis, *Natural Law And Natural Rights*, Clarendon Press, 1980, p. 168.

⑤ 参见这种一致性蕴含着丰富的含义，与之有关的一个例子是菲尼斯对私人财产权之正义性的论证，参见 John Finnis, *Natural Law And Natural Rights*, Clarendon Press, 1980, pp. 169–173。

⑥ 参见［英］约翰·菲尼斯：《自然法与自然权利》，董娇娇、杨奕、梁晓晖译，中国政法大学出版社2005年版，第141页。

⑦ John Finnis, *Natural Law And Natural Rights*, Clarendon Press, 1980, p. 175.

⑧ John Finnis, *Natural Law And Natural Rights*, Clarendon Press, 1980, p. 175.

又没有机会预见或避免它们。在这种情况下，基于分配正义的要求，就发生了全体参与者共同分担风险的问题。

二、交换正义

相对于正面界定分配正义这一概念而言，交换正义的概念是从反面加以确定的——菲尼斯是通过排除分配正义的方法来界定交换正义的。他说："在人与人之间，存在大量的关系和往来（包括在官员与私人之间的往来）。在这些关系和往来之中，不论是共同事业或各种要求，还是共同积累的分配（要么由公有者分配，要么由私有者分配），都不是直接利害相关的，但是同样在这些关系和往来之中，存在着在关系各方之间何为适宜的、公平的或正当的问题。"① 对于这一类问题的回答，需要由交换正义的理论来解决。② 需要说明的是，菲尼斯强调，分配正义与交换正义的区别，仅仅是一种分析上的区别——"许多行动既具有分配意义上的正义性（或非正义性），又具有交换意义上的正义性（或非正义性）"③。

交换正义的基本框架如下：

第一，"交换正义可能涉及存在于确定的个体之间的关系"④。譬如在合同法中，就存在大量与交换正义有关的问题。

第二，"在交换正义中，某一个体可能对许多或多或少地确定的个体负有某种义务"⑤。譬如侵权法中的照顾义务。

第三，"在交换正义中，某一个体可能对许多或多或少的不确定的个体负有义务"⑥。菲尼斯举的一个例子是："某一个体如果明知他对某些对他本人和他人有利的制度的滥用、利用或搭便车的行为会导致整个框架被限制或抛弃而依然这么做，那么他对所有原本可以在未来从该框架中获利的人而言，就构成了交换上的非正义。"⑦

---

① John Finnis, *Natural Law And Natural Rights*, Clarendon Press, 1980, p. 177 – 178.

② 参见 Also see John Finnis, *Natural Law And Natural Rights*, Clarendon Press, 1980, p. 166。

③ John Finnis, *Natural Law And Natural Rights*, Clarendon Press, 1980, p. 179.

④ ［英］约翰·菲尼斯：《自然法与自然权利》，董娇娇、杨奕、梁晓晖译，中国政法大学出版社2005年版，第147页。

⑤ John Finnis, *Natural Law And Natural Rights*, Clarendon Press, 1980, p. 184.

⑥ John Finnis, *Natural Law And Natural Rights*, Clarendon Press, 1980, p. 184.

⑦ John Finnis, *Natural Law And Natural Rights*, Clarendon Press, 1980, p. 184.

第四，“在交换正义中，某一个体对他所在的共同体的统治权威负有义务”①。譬如不得作伪证、不得蔑视法庭的义务，再如共同体所有成员服从正义的法律的义务。

第五，“那些享有公共权威的人对隶属于他们的权威的人负有交换正义的义务”②。譬如尽管征税和社会福利制度属于分配正义的范畴，但是对该制度的合法有序的实施则属于交换正义的范畴。

三、正义与共同善的关系

本节一开始就指出，正义的要求是共同善的要求的具体含义；但是，菲尼斯这种表述却有模糊之嫌，不免让人产生疑惑：正义与共同善到底是什么样的关系？对此问题，新加坡国立大学助理教授 Tan Seow Hon 在《菲尼斯自然法理论中的证成》一文中专门予以分析。③

Hon 指出：“从将共同善视为一系列能使每个人追求根据其意愿按照优先性排列的基本善的条件，产生了这一系列条件未被全面详尽地界定的这一问题。如果共同善的要求存在于实践合理性的另外八条要求之外，那么对菲尼斯理论的完整性而言，它就应当被全面详尽地论述；另一方面，如果它的确是指代另外八条要求而没有增加别的东西，那么论述它看上去就是多余的了。”④ 因此，问题的关键在于澄清共同善的含义。

Hon 注意到了菲尼斯在论述完全共同体时的如下表述：“这样一系列条件包括某些对每一和所有个人生活计划与每一和所有联合体形式的协调。”⑤ 他认为，这句话中的“包括”一词表明对“这样一系列条件”的论述是不全面的——“如果真是这样，我们可以得出以下结论：我们需要一个允许我们追求不证自明的善的框架，这一点是不证自明的；而这样

① John Finnis, *Natural Law And Natural Rights*, Clarendon Press, 1980, p. 184.

② John Finnis, *Natural Law And Natural Rights*, Clarendon Press, 1980, p. 184.

③ 参见 Tan Seow Hon, 'Justification in Finnis' Natural Law Theory', *Singapore Journal of Legal Studies*, 2000, pp. 590 – 639。

④ Tan Seow Hon, 'Justification in Finnis' Natural Law Theory', *Singapore Journal of Legal Studies*, 2000, p. 611.

⑤ John Finnis, *Natural Law And Natural Rights*, Clarendon Press, 1980, p. 148.

一个框架的条件是不能被全面地加以论述的，也不能通过不证自明性得出”[①]。

的确，菲尼斯说过共同善所指的这些条件也许能在“正义”之中得到体现——“正义的要求就是实践合理性要求的总和，它们之所以有效，是因为个人必须不仅在他自己那里和为了他自己的原因，而且要在共同体中力求实现和尊重人类善”[②]。在 Hon 看来，这一个表述非常类似于共同善的要求的定义。尽管菲尼斯详细地讨论了正义的三个要素和两种类型，但实际上正是正义提供了追求基本善的框架。因此，“‘正义’最终要么是九项要求的总和，要么是由于追求‘共同善’而需要的所有因素的实质，要么就是‘共同善’本身”[③]。而通过对菲尼斯所讨论的分配正义与交换正义等问题的分析，Hon 指出，最后一种含义是最可能的含义。

因此，Hon 实际上将“正义”与“共同善”这两个概念相等同，并进而得出结论：“人们不能理解菲尼斯最先为什么要用‘共同善’取代‘正义’。也许‘正义’这个单词长期以来与罗尔斯和诺齐克的自由主义传统相关联，并获得了某种菲尼斯并不希望与其概念相关联的含义。但是，如果仅仅是出于这个原因，‘共同善’的观念同样与菲尼斯将自身与其相隔离的功利主义相关联。还有，人们必然追问给出的是否仅仅是一个程序框架。也许原因与他不证自明这一起点有关。事实上，菲尼斯真正要说的是：下面这一点是不证自明的，即正义是一个能使一个人追求基本善的法律体系的一个要求。”[④]

对于 Hon 的这种理解，我认为如果仅就《自然法与自然权利》的文本而言，得出这样的结果基本上是可以成立的。菲尼斯的确没有在该书中刻意区分共同善与正义这两个概念；但是，如果从菲尼斯的思想发展来看，正如上一节论述共同善的要求时所谈到的那样，他非但没有放弃共同善这一概念，而且还尝试着在不依靠正义理论的情况下论证共同善的要

---

① Tan Seow Hon, ‘Justification in Finnis’ Natural Law Theory’, *Singapore Journal of Legal Studies*, 2000, p. 612.

② John Finnis, *Natural Law And Natural Rights*, Clarendon Press, 1980, p. 161.

③ Tan Seow Hon, ‘Justification in Finnis’ Natural Law Theory’, *Singapore Journal of Legal Studies*, 2000, p. 612.

④ Tan Seow Hon, ‘Justification in Finnis’ Natural Law Theory’, *Singapore Journal of Legal Studies*, 2000, pp. 613 –614.

求。因此，总的来说，对于正义与共同善的关系以及 Hon 的批评，还需要进一步研究后才能得出结论。

第三节　权利与共同善的关系
——以权利的现代语法为背景

本书第二章论述了实践合理性的原则与基本要求，上一节论述了在实践合理性的基本要求之中具有核心地位的第八项要求——共同善（正义）的要求，并为此先行梳理了菲尼斯为论证该项要求而阐述的共同体理论。该理论既是正义理论的基础，又是权利、权威、法律、义务等理论的基础。[①] 本节将论述菲尼斯的自然权利理论，它在菲尼斯的自然法理论中具有一种特殊的地位。之所以说它特殊，是因为菲尼斯的自然权利理论不同于现代性早期的自然权利理论——前者的一个重要理论背景是权利的现代语法；而菲尼斯之所以用权利的现代语法为工具，又是因为他认为权利的现代语法既提供了一种表达几乎所有实践合理性的要求的方式，[②] 又从正义关系之受益人的角度提供了一种讨论“何为正义的”这一问题的方式。[③] 因此，在认识到正义问题（共同善的问题）实质上在实践合理性的各项基本要求之中占据着一个结构性的核心地位这一点的同时，也就理解了菲尼斯在其自然法理论中将权利问题紧接着正义问题加以论述的原因。

如果回顾一下菲尼斯对他所使用的“自然法”这一概念的界定——指（1）一系列基本实践原则，（2）一系列实践合理性的基本方法论要求，（3）一系列一般性道德标准，[④] 那么就可以发现：他将自然权利视为实践合理性所有要求的一种表达方式，其实就是将自然权利与自然法视为一个硬币的两面。自然法与自然权利从本质上讲并无区别，无非是后者是从权利的现代语法的角度对前者的特殊表述而已。由此，就能理解菲尼斯在《自然法与自然权利》这一书名之下专章论述“权利”的原因；也正

---

① 参见 John Finnis, *Natural Law And Natural Rights*, Clarendon Press, 1980, p. 135。
② 参见 John Finnis, *Natural Law And Natural Rights*, Clarendon Press, 1980, p. 198。
③ 参见 John Finnis, *Natural Law And Natural Rights*, Clarendon Press, 1980, p. 205。
④ 参见 John Finnis, *Natural Law And Natural Rights*, Clarendon Press, 1980, p. 23。

是在这种意义上，他才说："几乎本书的所有内容都与人权有关（'人权'是'自然权利'的当代用语，我在相同意义上使用这两个术语）。"①

之所以强调自然权利是从权利的现代语法的角度对自然法的特殊表述，是因为菲尼斯在论述自然权利的问题时以霍菲尔德的权利理论为基本工具。这也鲜明地反映出他将自己的理论植根于分析法学的现代传统这一重要的定位。而他之所以采用上述工具，则是"因为我们在'一项权利'这种术语及其同源词的法律用法中所能揭示的逻辑将被发现可以在很大程度上适用于对'道德的'权利话语的理解"②。

一、菲尼斯对霍菲尔德权利理论的理解

菲尼斯认为，霍菲尔德的权利理论体系存在两个基本的假设："第一，所有的权利主张或权利归属都可以毫无例外地被化约为下面四种霍菲尔德式权利中的一种或数种之组合的归属：（1）请求权（被霍菲尔德称之为'严格意义上的权利'）、（2）自由（被霍菲尔德称之为'特权'）、（3）权力、（4）豁免；第二，主张一项霍菲尔德式权利就是主张一种存在于一个人、一种行为描述与另一个人之间的三元关系。"③ 这两个假设与其他一些因素结合在一起，可以产生四种逻辑关系：

（1）当且仅当乙对甲负有为 Ø 的义务（duty）时，甲享有内容系乙应当为 Ø 的请求权。

（2）当且仅当甲对乙不应当为 Ø 享有无请求权（no - claim - right）（无权利）时，乙（相对于甲）享有为 Ø 的自由。

（2'）当且仅当甲对乙应当为 Ø 享有无请求权（no - claim - right）（无权利）时，乙（相对于甲）享有不为 Ø 的自由。

（3）当且仅当乙负有让其法律地位被甲的 Ø 行为所改变的责任（liability）时，甲（相对于乙）享有为 Ø 的权力。

（4）当且仅当甲无权力（disability）通过 Ø 行为改变乙的法律地位

---

① John Finnis, *Natural Law And Natural Rights*, Clarendon Press, 1980, p. 198.

② John Finnis, *Natural Law And Natural Rights*, Clarendon Press, 1980, p. 198. 另：在菲尼斯那里，人权、自然权利是基础性的和一般性的道德权利，特别的、具体的道德权利源于前者；当然，人权、自然权利与道德权利的区分并不是很严格和清晰。

③ John Finnis, *Natural Law And Natural Rights*, Clarendon Press, 1980, p. 199.

时，乙（相对于甲的 Ø 行为）享有豁免。[①]

菲尼斯指出，在对人权的讨论中，与第（3）种和第（4）种模式有关的关系作用并不大；当然，也不能忽视它们。[②] 在他看来，霍菲尔德的图式为清晰地思考人权所能提供的最重要的帮助是甲的请求权与甲的自由之间的区分。

按照霍菲尔德的理论，"大多数'法律权利'即使不是多方面的，经常情况下实际上也是霍菲尔德式权利的复杂组合"[③]。但是，霍菲尔德这种将"法律权利"翻译为霍菲尔德式权利的做法却遭到了批评。批评者认为这种作法"不能为法律人的权利归属提供一个完整的解释，尽管这种翻译也许（至少在原则上）总是可能的。法律人常常不是将权利视为一种在两个人与一个特定种类的行为之间的三元关系，而是将权利视为一种在人与某一主题或者（在某种宽泛的意义上）事物之间的两元关系"[④]。这样一种两元关系、事物导向的权利话语将在后文对自然权利的讨论中发挥作用。[⑤]

二、菲尼斯对权利概念发展史的理解与批评

在梳理了霍菲尔德的权利理论这一分析工具之后，菲尼斯检讨了权利概念的发展史——因为他如果既要维持自然权利观这一基本立场，又要运用上述分析工具重构自然权利理论，那他就必须首先检讨在他以前的自然权利理论。

尽管自然权利理论可以追溯至苏格拉底那里，[⑥] 但是菲尼斯是从罗马法开始梳理自然权利理论的。同时，由于罗马法高度的实践性特征决定了罗马人从来不明确区分实在法与自然法，[⑦] 所以在罗马法的权利概念中同样体现了自然权利的内容。这也就是菲尼斯以检讨权利概念的发展史为名

① 参见 John Finnis, *Natural Law And Natural Rights*, Clarendon Press, 1980, p. 199。

② John Finnis, *Natural Law And Natural Rights*, Clarendon Press, 1980, p. 200.

③ John Finnis, *Natural Law And Natural Rights*, Clarendon Press, 1980, p. 201.

④ John Finnis, *Natural Law And Natural Rights*, Clarendon Press, 1980, p. 201.

⑤ 参见 John Finnis, *Natural Law And Natural Rights*, Clarendon Press, 1980, p. 202。

⑥ 参见［美］列奥·斯特劳斯：《自然权利与历史》，彭刚译，三联书店 2003 年版，第 121 页。

⑦ 参见［英］巴里·尼古拉斯：《罗马法概论》，黄风译，法律出版社 2000 年版，第 55 页。

从罗马法开始讨论自然权利问题的原因。

英语中的“right”这一概念，由拉丁文“jus”发展而来。但是，在罗马法中，尽管 jus 一词也具有“权利”这一义项，但它的主要含义并不在此。它毋宁主要指：“根据法律在当事人之间对正义的分配。在这样的分配中，一方当事人的‘角色’也许是一种负担，而不是一种利益，更不用说是一种选择的权力或自由了。①

罗马法中 jus 这一定义的基本意涵被阿奎那所接受。在后者那里，jus 具有两层含义：第一，正义之事本身；第二，正义的关系。第二层含义由第一层含义引申而来。②

但是，三百多年后，苏瓦雷茨却给出了 jus 的另一种定义：“一种每个人都具有的或针对其自身财产或与自身应有事物有关的道德权力”③。两相对比，阿奎那所强调的 jus 的正义意涵在苏瓦雷茨那里已经不存在了。被取而代之的则是主观权力这一全新的意涵。于是，在阿奎那与苏瓦雷茨之间，出现了一道关于 jus 一词的分水岭。

苏瓦雷茨的这一定义被格劳秀斯大体上继承了下来。后者认为，jus 是指“人的一种道德品质，这种品质使合法地拥有某事物或合法地实施某行为成为可能。”④ 菲尼斯认为，这一定义表明，在阿奎那与苏瓦雷茨这两大阵营之间，格劳秀斯基本上属于后者，因为对格劳秀斯而言，jus “在本质上是指某个人所拥有的某种事物，尤其是指一种权力或自由”⑤。

到了霍布斯那里，jus 的意义走向了苏瓦雷茨阵营中最极端的立场。霍布斯认为，不应当对权利（jus/right）与法律（lex/law）感到困惑——“它们应当被区别开来，因为权利在于做或不做的自由，而法律则决定并约束人们采取其中之一。所以法律与权利的区别就像义务与自由的区别一样，两者在同一事物中是不相一致的”⑥。

---

① John Finnis, *Natural Law And Natural Rights*, Clarendon Press, 1980, p. 209.

② 参见 John Finnis, *Natural Law And Natural Rights*, Clarendon Press, 1980, p. 206。

③ John Finnis, *Natural Law And Natural Rights*, I, Ⅱ, 5, *De Legibus*, Clarendon Press, 1980, pp. 206 – 207.

④ Hugo Grotius, *On the Law of War and Peace*, trans. Francis W. Kelsey, the BOBBES – MERRILL company. inc, 1925, p. 35.

⑤ John Finnis, *Natural Law And Natural Rights*, Clarendon Press, 1980, p. 207.

⑥ ［英］霍布斯：《利维坦》，黎思复、黎廷弼译，商务印书馆 1985 年版，第 97 页，个别词语有改动。

要理解霍布斯这一“苏瓦雷茨阵营中最极端的立场”，须先行理解霍布斯在自然权利理论史上的经典地位。尽管菲尼斯采取了阿奎那与苏瓦雷茨的两分法，苏瓦雷茨和格劳秀斯也的确为霍布斯的自然权利论奠定了基础，但这并不影响我强调霍布斯是现代自然权利论的代表这一点。[①]

霍布斯之所以是“最极端的”，是因为他的自然权利观在绝对意义上只存在于社会契约论语境下的自然状态之中，而法律作为人类进入市民社会之后的产物，则是要“决定并约束人们采取其中之一”；换句话说，自然权利在进入市民社会之后必须受到法律的限制，权利与法律的关系在霍布斯那里势同水火。[②] 正是在这种意义上，菲尼斯才说：“就霍布斯的目的而言，法律与权利之间的对比事实上剥夺了权利观念的所有规范性意义。”[③] 如果运用霍菲尔德的权利理论来分析霍布斯的自然权利论，那么就可以发现，霍布斯以消极自由观为特征的自然权利概念，只对应于自由这一种霍菲尔德式权利。

针对在阿奎那与苏瓦雷茨这两大阵营之间关于权利概念的争论，菲尼斯认为这两大阵营的权利概念都是特定语境下正义的含义的表达方式，没有理由只支持其中任何一方。重要的是，它们作为表达正义之要求的方式，都各有不足。罗马法中（因而也是阿奎那的）的 jus 因为不区分权利与义务而失之于差异性和精确性，苏瓦雷茨的 jus 则存在最终滑向霍布斯的自然权利观从而遗漏除自由以外的其他种类的霍菲尔德式权利的危险。唯有权利的现代话语，才能灵活而精确地表达正义之要求。“权利话语如果能得以认真运用，其力量就在于：它可以精确地表达某一与不只一个人有关的决定的各个方面。它所指出的内容正是对每个相关人要求了什么、未要求什么以及每个相关人能在什么时候、以什么方式影响这些要求这样一些内容”[④]。

---

① 施特劳斯区分了由苏格拉底始创，经柏拉图、亚里士多德、斯多葛学派和阿奎那所发展起来的古典自然权利论与17世纪出现的以霍布斯、洛克为代表的现代自然权利论。参见［美］列奥·斯特劳斯：《自然权利与历史》，彭刚译，生活·读书·新知三联书店2003年版，第121页。

② 对霍布斯理论中权利（以及作为权利之核心的自由）与法律的关系的一个精当的分析，参见柯恒：《自由依赖于法律——思想史考察：从苏格拉底到康德》，载郑永流主编：《法哲学与法社会学论丛》（六），中国政法大学出版社2003年版，第150页以下。

③ John Finnis, *Natural Law And Natural Rights*, Clarendon Press, 1980, p. 208.

④ John Finnis, *Natural Law And Natural Rights*, Clarendon Press, 1980, pp. 210 – 211.

三、权利与共同善

为了生动地说明权利的现代话语的作用，菲尼斯以《世界人权宣言》为例展开了论述。《世界人权宣言》从两个方面来讲可以说是实现菲尼斯论述目的的最佳论据：第一，它体现了自然权利的基本立场；第二，它是产生于当代的国际法文件，切合了权利的现代话语这一方法论语境。

菲尼斯指出，《世界人权宣言》具有两个显著特征。第一，它采纳的是两种而非一种主要的规范形式，即（A）"人人有权……"和（B）"任何人不得……"两种形式。[①] 第二，正如《世界人权宣言》第二十九条第二款所规定的那样，"权利和自由的行使"是"受到限制的"。[②] 菲尼斯强调指出，这一款规定表明：这种限制"并不适用于那些声称没有界定某项权利而是施加了某项否定性要求的条款"[③]。正是基于第二点特征，才决定了第一点特征，即采纳两种而非一种规范形式的必要性。[④] 具体地说，采纳第（B）种规范形式的条款具有一种结论性的（conclusory）效力，它所规定的并不是某项权利，而是某项否定性要求，因而不受到第二十九条第二款的限制；反之，采纳第（A）种规范形式的条款则规定了某种权利，这种条款"只有在作为一个理性决策过程（这一过程不能仅仅通过诉诸任何一项这种权利而合理地结束）中的条款时才具有引导性的（guiding）效力"[⑤]。而采纳第（A）种规范形式的条款所规定的权利则要受到第二十九条第二款的限制。

在指出上述两个特征之后，菲尼斯进一步考察了第二十九条第二款的

---

① 采纳第（A）种形式的如第三条"人人有权享有生命、自由和人身安全"，采纳第（B）种形式的如第四条"任何人不得使为奴隶或奴役；一切形式的奴隶制度和奴隶买卖，均应予以禁止。"这里引用的是《世界人权宣言》的中文流行本，关于该版本的基本情况及其与中文作准本的关系，参见孙平华：《〈世界人权宣言〉两个中文本语言差异研究》，载徐显明主编：《人权研究》（第八卷），山东人民出版社 2009 年版，第 348 页以下。

② 该款原文为："人人在行使他的权利和自由时，只受法律所确定的限制，确定此种限制的唯一目的在于保证对旁人的权利和自由给予应有的承认和尊重，并在一个民主的社会中适应道德、公共秩序和普遍福利的正当需要。"

③ John Finnis, *Natural Law And Natural Rights*, Clarendon Press, 1980, p. 212.

④ 参见 John Finnis, *Natural Law And Natural Rights*, Clarendon Press, 1980, p. 211。

⑤ John Finnis, *Natural Law And Natural Rights*, Clarendon Press, 1980, p. 212.

全文——他将该款限制“权利和自由的行使”的目的分为四个层次：第一，保证对旁人的权利和自由给予应有的承认和尊重；第二，在一个民主社会中适应道德的正当需要；第三，在一个民主社会中适应公共秩序的正当需要；第四，在一个民主社会中适应普遍福利的正当需要。他这样做的根本目的在于：通过对该款条文的检讨，再次澄清权利与共同善的关系。

菲尼斯首先考察的是第四层目的——在一个民主社会中适应普遍福利的正当需要。他认为这一规定是不适当的，因为“普遍福利”这个概念是一个功利主义的概念，具有不融贯性，是一个没有意义的概念。[①]

需要指出的是：不能将这种功利主义的概念与共同善的概念相混淆。这里，再一次地，菲尼斯澄清了共同善的概念，并且通过这种澄清考察了限制权利和自由之行使的第一层目的——保证对旁人的权利和自由给予应有的承认和尊重。这是因为共同善这一概念本身就是指每个人和所有人的幸福，因而基于第一层目的的限制是正当的；除了每个人和所有人的幸福这一涵义之外，共同善这一概念别无他义，所以不存在在第一层目的之外再行添加第四层目的的必要。[②]

与此同时，通过对《世界人权宣言》的大部分条文的分析，基于第二层目的（即“在一个民主社会中适应道德的正当需要”）和第三层目的（即“在一个民主社会中适应公共秩序的正当需要”）的大部分限制实际上均已被第一层目的所包含这一事实，[③] 菲尼斯问道，第二层目的和第三层目的还是否有单独存在的必要性呢？具体地说，由于第二层目的中的“道德”和第三层目的中的“公共秩序”都具有含义模糊的特征，那么这些术语上的难题是否能构成放弃它们进而只采纳第一层目的的原因呢？[④]

菲尼斯的回答是否定的，他专门区分了现代权利话语的主要含义（primary signification）与它的逻辑范围（logical reach）。他认为，尽管现代权利话语的逻辑范围可以使对任何权利的任何限制都能以其他权利的术语来表达，但是现代权利话语的主要含义则是个体的利益，而不是个体作为某一集体的成员所分享的共同利益。相比之下，道德和公共秩序正是这种为所有集体成员所分享的共同利益。因此，不能仅仅因为上述技术上的

---

① 参见 John Finnis, *Natural Law And Natural Rights*, Clarendon Press, 1980, p. 213。

② 参见 John Finnis, *Natural Law And Natural Rights*, Clarendon Press, 1980, p. 214。

③ 参见 John Finnis, *Natural Law And Natural Rights*, Clarendon Press, 1980, pp. 214 – 215。

④ 参见 John Finnis, *Natural Law And Natural Rights*, Clarendon Press, 1980, pp. 215 – 216。

原因就放弃第二层目的和第三层目的，在具体情形下提及道德和公共秩序依然是有理由的。[①] 当然，菲尼斯也没有回避技术上的难题，他在第一层目的与第二、三层目的之间实质上采取了一种优先性排序，如果限制的基础可以从第一层目的中找到，即可以用人权的术语来表达对权利和自由之行使的限制时，就没有必要参考第二层目的和第三层目的。[②]

正是基于对前述四层目的的考察，菲尼斯才在下面这段文字中总结了权利与共同善的关系："一方面，我们不应该说人权及其行使受制于共同善；因为维护人权就是共同善的一个基本组成部分。另一方面，我们可以适当地说大部分人权都彼此限制或者被共同善的其他方面所限制；这些方面可能被归到一个很宽泛的人权观念之下，但也可以被诸如'公共道德'、'公共健康'、'公共秩序'等表达贴切地表明。"[③]

上文已经指出，菲尼斯在分析《世界人权宣言》的条款的时候区分了规定权利的条款与规定否定性要求的条款。前者仅具有引导性的效力；后者不但具有引导性的效力，而且具有结论性的效力。规定权利的条款要具有引导性的效力，必须被置于一个理性决策过程之中——这意味着这类条款不能直接适用，而规定否定性要求的条款则可以直接适用。这一决策过程实质上是一个权利的具体化过程。上文所述的基于保证对旁人的权利和自由给予应有的承认和尊重等目的对权利和自由之行使的限制都属于这一具体化过程。通过这一具体化过程，才澄清了权利的结论性效力的真正来源——在证伪（belies）规定权利的条款所貌似具有的强制性或结论性效力这一表象（sound）的同时，菲尼斯指出，正是权利的现代语法赋予了权利本身以真正的结论性效力。[④] 这意味着菲尼斯在将权利具体化从而获得其结论性效力的过程之中，运用霍菲尔德的权利理论对上述规定权利的条款予以重构。

因此，权利的具体化过程，就是将规定权利的条款所主张的两元关系的权利话语转变为三元关系的权利话语的过程。然而，这一转变过程却充满了困难——因为不同的人对同一权利的具体化并不一致。[⑤] 菲尼斯因而

---

① 参见 John Finnis, *Natural Law And Natural Rights*, Clarendon Press, 1980, p. 216。

② 参见 John Finnis, *Natural Law And Natural Rights*, Clarendon Press, 1980, p. 217。

③ John Finnis, *Natural Law And Natural Rights*, Clarendon Press, 1980, p. 218.

④ 参见 John Finnis, *Natural Law And Natural Rights*, Clarendon Press, 1980, p. 218。

⑤ 参见 John Finnis, *Natural Law And Natural Rights*, Clarendon Press, 1980, pp. 218－219。

问道："具体化和区分的过程是如何完成的呢？权利冲突又是如何解决的呢？"[1] 他认为这些问题可以解决，但所给出的答案似乎并不清晰——要解决这些问题，"人需要对人类善持有某种观念，对在某种形式的共同体生活中的个人繁盛持有某种观念，这种共同体生活促进而非阻碍了个人繁盛"[2]。

正是通过权利的具体化过程，权利被赋予了结论性的效力。但是，结果却未必一定是好的——"人权当然会因为权利话语的运用而受到威胁。权利话语恶意或善意地过早赋予了此种或彼种人权一种结论性或绝对性的地位"[3]。基于以下三个原因，权利话语构成了实践合理性的词汇的重要补充。第一，权利话语"正确地强调了平等性，即这样一条真理：每个人都是个人繁盛的中心，这种个人繁盛被视为对每个人都同样有利。"[4] 第二，权利话语"往往会削弱结果主义者的'计算'的吸引力"。[5] 第三，权利话语提供了一份关于人类繁盛之各个方面和促进这种繁盛的共同体生活方式的基本组成部分的清单，并且通过这一清单丰富了共同善的内容。[6]

四、对权利话语实践功能的质疑

值得注意的是，继质疑共同善这一概念的必要性之后，Hon 又质疑了权利话语的实践功能。他指出，权利话语的确能在上述三个方面构成对实践合理性的词汇的重要补充，但是，权利话语并未给菲尼斯的论题增加任何具体性。具体地说，菲尼斯想将权利语言作为实践合理性诸要求的具体化——一方面，由于在对权利进行平衡时蕴含着不确定性，因而需要由权威来确定权利的平衡；另一方面，根据其理论，如果权威是为了共同善而行使，那么决策者的权威就得到了证成，因此，对权威的识别又有赖于对

---

① John Finnis, *Natural Law And Natural Rights*, Clarendon Press, 1980, p. 219.

② John Finnis, *Natural Law And Natural Rights*, Clarendon Press, 1980, pp. 219 – 220.

③ John Finnis, *Natural Law And Natural Rights*, Clarendon Press, 1980, pp. 220 – 221.

④ John Finnis, *Natural Law And Natural Rights*, Clarendon Press, 1980. p. 221.

⑤ 参见［英］约翰·菲尼斯：《自然法与自然权利》，董娇娇、杨奕、梁晓晖译，中国政法大学出版社 2005 年版，第 177 页。

⑥ 参见 John Finnis, *Natural Law And Natural Rights*, Clarendon Press, 1980, p. 221。

共同善的认识。这样做的结果就给“实践地合理”的主体留下了这样一个问题：即欲平衡权利，须先寻找权威；而欲寻找权威，须先识别权威；欲回答权威是否被合法行使这一问题，需要通过追问权威是否是为了共同善而行使来确定，而这又与菲尼斯“共同善→协调性问题→正义的要求→权利的具体化”这一使共同善的含义具体化的思路相悖。当然，需要注意的是，鉴于 Hon 在讨论共同善的含义时已经将其与正义相等同，因此他在这里将共同善与正义这两个概念相互置换了。

因此，实践合理性诸要求与正义的具体化必须由合法权威来完成。“如果一个人不得不对权威是否被合法行使这一问题作出决定，那么他就要考察权威是否是为了共同善而行使。但是，如果一个人不得不考察权威是否是为了共同善而行使，那么缺乏具体性这一问题看上去就并未被解决。事实上，在从共同善到权利的具体化取决于发现某个权威（当该权威为了共同善而行动时，它得到了证成）的范围内，那么由于共同善本身是一系列正是需要那个权威具体化的并不全面的条件，这个论证看上去就是循环论证”①。但菲尼斯正是认为权利需要由权威来平衡，但权威所赖以成为权威的共同善却是一系列并不全面的条件。所以，权利话语的实践功能备受质疑。

本章研究了实践合理性的第八项要求——共同善的要求，该要求在实践合理性的十项要求之中占据着一种结构性的核心地位。为此，本章先行梳理了作为共同善的要求的基础的共同体理论。菲尼斯认为，只有在正确认识人类共同体及其存在的标准的基础上，才能厘清共同善的含义及要求。质言之，共同善是指这样一系列条件——它们能使共同体成员为自身实现合理的目标或者为自身合理地实现价值；而共同善的要求的具体含义就是指正义的要求。在菲尼斯看来，权利的现代语法从正义关系之受益人的角度提供了一种讨论“何为正义的”这一问题的方式。因此，权利话语就与共同善的要求发生了一种实质性的关联，从而构成了实践合理性的词汇的重要补充。

---

① Tan Seow Hon, ‘Justification in Finnis’ Natural Law Theory’, *Singapore Journal of Legal Studies*, 2000, p. 615.

第四章　权威与法律

第三章指出，判断一个共同体存在的标准是存在由一部分具有共同目标的人以互动形式参与的协调行动。如果不存在这样的协调行动，共同体也不会存在。但是，协调行动本身并不是不需要任何前提条件的；本章将研究协调行动所赖以存在的权威问题，进一步地，如果要使权威得以有效存在，必须依靠法律来提供权威的基础。由此，菲尼斯的自然法理论在权威问题与法律问题上全面展开。

第一节　权威的基本理论

一、权威的核心意义

菲尼斯认为，如果要在协调行动可供选择的行为方式之间做出选择，只存在两种方式——一种是全体一致，一种是权威。由于全体一致在实践中是不可能的，于是就必然要求权威的出现。①

菲尼斯给权威所下的定义是："当且仅当一个人将某物视为为其相信该物或者依据该物而行动提供了充足理由，那么他就将该物视为权威性的，尽管他本人在其他方面不能看到如此确信或行为的良好理由、或者不能评价他所能看到的理由、或者看到了一些起抵消作用的理由、或者他本人（在他所视为权威的事物并不存在的情况下）并不愿意如此确信或

---

① 参见 John Finnis, *Natural Law And Natural Rights*, Clarendon Press, 1980, pp. 231 -233。

行为。"[①]

他认为，这是权威的核心意义。为了进一步阐明该意义，他指出要直面一些语言上的复杂问题——"如果不清楚地理解这些问题，就会导致在法理学上的'实证主义者'与'自然法理论家'之间的严重混淆"[②]。

二、实践判断、经验判断与法律判断——阐明权威的核心意义的基本框架

菲尼斯指出，诸如"X 具有权威"这样一个陈述，可以在三种意义上被主张。他用 S1、S2、S3 分别表示主张这三种意义的三个不同的人。第一，如果 S1 主张"X 具有权威"，他的意思是说 X 对包括他本人在内的所有人都具有权威，这时 S1 采取了一种参与者的立场。第二，S2 可以在第二种意义上主张"X 具有权威"——S2 并不认为 X 对他本人具有权威。他之所以主张"X 具有权威"，只是因为在他看来，除他之外的某些人（例如 S1）将 X 视为权威；当然，在现实中，X 也可能像对 S1 那样对 S2 具有权威，但 S2 在作出"X 具有权威"这一主张时采取了一种否认 X 对其本人具有权威的语气，即 S2 采取了一种观察者而非参与者的立场。第三，S3 还可以在第三种意义上主张"X 具有权威"，这时他既不承认 X 对他本人的权威，也不报告别人对 X 的态度；他只是援用 S1 的视角来陈述 S1 眼中的事实——即 X 对 S1 具有权威——但是他并未支持抑或反对 S1 的观点。

第三种意义不同于第一种意义，因为前者采取了一种观察者的立场，而后者采取了一种参与者的立场。第三种意义与第二种意义的关系比较复杂。一方面，从观察者与参与者的区分上看，第三种意义并不独立于第二种意义，所以，在现实中，X 也可能像对 S1 那样对 S3 具有权威，但 S3 在作出"X 具有权威"这一主张时采取了一种否认 X 对其本人具有权威的语气——在这一点上 S3 与 S2 相一致。另一方面，尽管它们都采取了一种观察者的立场，而且所观察的都是 S1 对 X 的态度，但是 S3 对这一态度不置可否，而 S2 则肯定了这一态度；因此，进一步地，从观察者本人对观察对象（即 S1 对 X 的态度）的评价来看，第二种意义又不能包含第三

---

① John Finnis, *Natural Law And Natural Rights*, Clarendon Press, 1980, pp. 233 – 234.

② John Finnis, *Natural Law And Natural Rights*, Clarendon Press, 1980, p. 234.

种意义。反过来说，第三种意义是否包含第二种意义呢？在逻辑上似乎能给出肯定的回答，但是，从观察者的基本立场来看，回答则是否定的。因为在一般情况下，S2 既然主张“X 具有权威”，就当然地预设了服从 X 这一权威的对象——如 S1，也即肯定了 S1 对 X 的态度；只有在某些特定情形下，才可能出现第三种意义，也即 S3 站在 S1 的视角下主张“X 具有权威”但是 S3 对于 S1 的立场并不表态。所以，尽管从逻辑上讲，第三种意义可能包含第二种意义，但这并不是一个逻辑的问题——在现实中，第三种意义只是特例，并不可能包含第二种意义。正是基于上述原因，菲尼斯才以赞成的口吻这样评价拉兹：“在强调不要试图将 S3 分解成 S1 或 S2 的同时，他清楚地意识到，S1 和 S2 是‘基本的’和‘主要的’，而 S3 是依附性的，尽管后者广泛存在于话语之中。”[①]

S1、S2、S3 这三种陈述，分别对应着实践判断（PJ）、经验判断（EJ）、法学判断（JJ）这三类性质不同的判断。实践判断是指这样一种判断——它可以由任何人作出，旨在陈述某一（潜在）代理人（agent）（1）应当（或不应当）或者（2）能够（或不能够）适当地或可证成地（在“应当”“适当地”或“可证成地”的任何一种意义上）从事某种行为。经验判断则是关于实践之存在与范围的判断。[②]

菲尼斯指出，“X 具有权威”这一句话，可以在 S1、S2、S3 这三种陈述的意义上使用——“同一个人甚至可以在完全相同的场合在毫无警告或语法上的提示的情况下转换其视角，从而作出所有三种类型的表述”[③]。而这正是导致“实证主义者”与“自然法理论家”之间严重混淆的原因。这里，菲尼斯将实证主义者对这个问题的看法作了如下概括：

你们声称在解释某一权威、某一权威性习惯、或者某一规则的存在意味着什么。但是你们最多只是成功地解释了确信该权威、习惯或规则应当存在意味着什么。因为按照你们的解释，例如说“（P1）存在着某一权威性习惯与（P2）为了共同善，它是应当存在的”就是多余的。但是，在其与 P1 相结合时又声称 P2 是多余的这样一种作法是奇怪而违背直觉的。或者，

---

① John Finnis, *Natural Law And Natural Rights*, Clarendon Press, 1980, p. 235. 另：从这句话开始，为了讨论的方便，菲尼斯用 S1、S2、S3 来分别指代上述三种意义上的“X 具有权威”这一陈述，而不再指这三种陈述各自的主张者，下同。

② 参见 John Finnis, *Natural Law And Natural Rights*, Clarendon Press, 1980, p. 239。

③ John Finnis, *Natural Law And Natural Rights*, Clarendon Press, 1980, p. 235.

按照你们的解释，说“（P1）存在着某一权威性习惯，但是，（P2）它的存在不是为了共同善”就是矛盾的。但是，声称 P1 与 P2 相矛盾却是奇怪而违背直觉的。我们认为，你们解释权威和规则的方法本身不是令人满意的，因为它得出了违背直觉并与日常语言和常识不一致的结论。[①]

菲尼斯认为，他本人的解释并不会使他必然将 P1 与 P2 的结合视为多余的或矛盾的。当然，菲尼斯承认，当且仅当 P1 被当成 S1 陈述来理解时，这样一种结合的确会导致多余性或矛盾性。但是，实证主义者的批评忽视了“关于规范的存在句可以用于很多目的”[②] 这一事实。存在句 P1 作为一种 S2 或 S3 陈述可以得到很好地理解。人们完全可以以 S2 或 S3 的语气来表述 P1，同时以 S1 的语气来表述 P2。所以，实证主义者的上述批评是无法成立的。同时，由于菲尼斯对权威的解释与共同善有关，所以，他对权威的定义就是一种以 S1 的语气所进行的表述；换句话说，权威的核心意义是以 S1 的语气来表述的。

第二节　权威的两种类型

在澄清权威的核心意义之后，菲尼斯详细讨论了两种类型的权威——统治者的权威与规则的权威。[③] 这里的规则实质上就是指习惯，即具有权威性的惯习或习惯性规则。[④]

一、习惯的权威

菲尼斯首先讨论的是习惯的权威问题。鉴于在各种习惯中，国际习惯的权威性问题受到的关注最多、引起的争议最大、获得圆满解释的难度最大，他选取了国际习惯作为习惯的典型代表来讨论。菲尼斯首先引用了国

---

① 参见 John Finnis, *Natural Law And Natural Rights*, Clarendon Press, 1980, pp. 236 – 237。

② Joseph Raz, *Practical Reason and Norms*, Oxford University Press, 1999, p. 80.

③ 参见 John Finnis, *Natural Law And Natural Rights*, Clarendon Press, 1980, p. 244。

④ 菲尼斯用“习惯”作为“具有权威性的习惯性规则”的简称，本文与之保持一致，参见 John Finnis, *Natural Law And Natural Rights*, Clarendon Press, 1980, p. 238。

际法学界对习惯的权威性所作的解释——奥本海认为:“当一种关于从事某种行为的清晰而连贯的习惯在‘根据国际法这些行为是义务性的或权利性的’这样一项确信的支持下逐渐形成时,国际法学家就开始谈论一项习惯。”[①] 在菲尼斯看来,奥本海的解释是自相矛盾的,因为这种解释认为:“某一习惯性规范仅仅依靠该习惯性规范已经存在(即具有权威性)这一必然错误的信念就可以存在(即获得权威性)。”[②]

菲尼斯运用实践判断(PJ)与经验判断(EJ)的区分为习惯的权威性问题提供了一种全新的解释。他认为,在法律确信这一因素的核心,存在着两个不同但又相互关联的实践判断:

“(a)在这一领域内,以下这一点是可欲的:存在某种确定的、共同的和稳定的行为模式与相应的权威性规则。

(b)这种具体的行为模式 Ø 是一种适合于被采用为某种权威性共同规则的模式。”[③]

这两个实践判断(在随后的讨论中,他又将它们合并称之为 PJ0,以指代“法律确信”)不同于“PJ0 得到了各国的广泛同意”[④] 这一经验判断(EJ2),而 EJ2 又与另外两个经验判断相区别。后面两个经验判断是:“(i)在相关领域内,许多国家的实践趋同于 PJ0 的(b)中所涉及的模式;(ii)而其他国家默认 PJ0 的(b)中所涉及的那种行为模式。”[⑤](i)和(ii)又可以被概括为一个经验判断,即“在国家间就这种行为模式 Ø 存在着普遍的一致和默认”(EJ1)。[⑥]

菲尼斯认为:“对 PJ0 的普遍认可与在行为模式 Ø 上的普遍一致或默认这两者,足以得出这一判断(PJ2),即现在存在一条要求(或允许)Ø 行为的具有权威性的习惯性规则。”[⑦] 值得注意的是,菲尼斯强调性地指出,他这句话本身也是一个实践判断(PJ1);也就是说,可以把 PJ1 转换为这样的表述:“可以从 EJ2 与 EJ1,推导出 PJ2。”如果运用一个公式来表达,那就是:

---

① Oppenheim, International Law, vol. I (8th ed., H. Lauterpacht, London: 1955), sec. 17. John Finnis, *Natural Law And Natural Rights*, Clarendon Press, 1980, p. 239.

② John Finnis, *Natural Law And Natural Rights*, Clarendon Press, 1980, p. 239.

③ John Finnis, *Natural Law And Natural Rights*, Clarendon Press, 1980, p. 242.

④ John Finnis, *Natural Law And Natural Rights*, Clarendon Press, 1980, p. 242.

⑤ John Finnis, *Natural Law And Natural Rights*, Clarendon Press, 1980, p. 240.

⑥ John Finnis, *Natural Law And Natural Rights*, Clarendon Press, 1980, p. 242.

⑦ John Finnis, *Natural Law And Natural Rights*, Clarendon Press, 1980, p. 242.

PJ1 =（EJ2 + EJ1→PJ2）。这里通过一个表格形象地再现这一推导过程：

	前提	推导过程	结论
[判断类型及简称] 命题	[PJ0] (a)：在这一领域内，以下这一点是可欲的：存在某种确定的、共同的和稳定的行为模式与相应的权威性规则。 (b)：这种具体的行为模式 Ø 是一种适合于被采用为某种权威性共同规则的模式。		
[判断类型及简称] 命题	[EJ2] PJ0 得到了各国的广泛同意（= 对 PJ0 的普遍认可）		
[判断类型及简称] 命题	[EJ1] (即“在行为模式 Ø 上的普遍一致或默认”) (i)：在相关领域内，许多国家的实践趋同于 PJ0 的（b）中所涉及的模式。 (ii)：而其他国家默认 PJ0 的（b）中所涉及的那种行为模式。		
[判断类型及简称] 推导过程 命题		[PJ1] (EJ2 + EJ1→PJ2) 对 PJ0 的普遍认可与在行为模式 Ø 上的普遍一致或默认这两者，足以得出这一判断（PJ2），即现在存在一条要求（或允许）Ø 行为的具有权威性的习惯性规则。	
[判断类型及简称] 命题			[PJ2] 现在存在一条要求（或允许）Ø 行为的具有权威性的习惯性规则。

菲尼斯总结了这种新解释的优点。其第一点就是针对奥本海的解释而来的——通过区别 PJ0 与 PJ1，可以使在某一实践过程中必然伴随着某种特定种类的态度或确信这样一种古典观念不必具有自相矛盾或循环论证的性质；[①] 第二，通过区别 PJ0 与 PJ2，可以凸显法律判断 PJ2 的独立性和实证性；[②] 第三，"通过将 EJ1、EJ2 和 EJ3 与其他判断区别开来，权威性规则与事实的关系得到了澄清：某项权威性规则可以说是一个事实，但它不仅仅是与之并存的实践相关的事实，更不仅仅是与意见的一致相关的事实；它之所以是事实，只是因为它被视为一个行动的排他性理由（即，不仅仅是一个事实）"[③]。

第四个优点也是最重要的一个优点，那就是这一新解释凸显了在解释习惯形成的过程中所涉及的真正的问题——PJ1 要得以成立，必须具有一个拟制的实践性前提。这就是菲尼斯所谓的元法律原则或框架性原则 PJM。

PJM：习惯性规则的出现和对其的认可（即认为在某种实践中一定程度的一致或默认这一因素与相关的法律确信这一因素足以创制这样一种规范，并足以使这种规范获得即使是那些没有参与这种实践或没有抱持这种法律确信的国家的承认）对解决国际共同体中的互动或协调问题而言，是一种可欲的或适当的方法。[④]

为什么在论证了 PJ1 = （EJ2 + EJ1→PJ2）之后又要引出 PJM 呢？这里，一定要准确理解 PJM 作为框架性原则的意义与地位。PJM 的意义是在与 PJ0 的意义相比较的过程中得以澄清的——相对于与几乎所有具体的行为问题相关的 PJ0 而言，PJM 在国家间能够获得更广泛的认同；因为在 PJ0 中，无论是（a）还是（b），都局限在某一特定的领域中，它针对的是国际共同体中的某类互动或协调问题，而 PJM 则不局限于特定的领域，它针对的是国际共同体中的所有互动或协调问题。[⑤] 所以，"习惯的一般

① 参见 John Finnis, *Natural Law And Natural Rights*, Clarendon Press, 1980, p. 242。

② 参见 John Finnis, *Natural Law And Natural Rights*, Clarendon Press, 1980, p. 242。另：菲尼斯区分了法律判断（legal judgment）与法学判断（juristic judgment），按照他的界定，对应于 S3 这种陈述的是法学判断，而非法律判断。

③ John Finnis, *Natural Law And Natural Rights*, Clarendon Press, 1980, pp. 242 - 243.

④ 参见 John Finnis, *Natural Law And Natural Rights*, Clarendon Press, 1980, p. 243。

⑤ 参见 John Finnis, *Natural Law And Natural Rights*, Clarendon Press, 1980, p. 243。

性权威依赖于下面这一事实，即习惯形成这一做法在国际共同体中已经被采纳为一种创制规则的适当办法。”[①] 正是在这种意义上，PJM 才被菲尼斯称为框架性习惯；它之所以是框架性的，是因为它为具体习惯（即除它之外的其他习惯）的形成提供了框架。但是，不能将具体习惯的形成视为来自于框架性习惯的授权；在具体习惯与框架性习惯之间并不存在推理关系。其实，即使是在 PJ1 =（EJ2 + EJ1→PJ2）这一推理过程中，PJ0 也不是作为实践推理的前提而出现的；它之所以被这一推理过程所包含，仅仅是因为 EJ2 从观察者的角度陈述了 PJ0 这一事实。同样，我们也可以从观察者的角度陈述 PJM，因此，在 PJM 与 PJ0 之间，并不存在推理关系。正如菲尼斯所言："框架性习惯与在其框架内获得权威性的具体习惯两者的权威性都直接来源于下面这一事实，即如果要将它们视为有权威的，它们就要能够使得各国解决各国的协调性问题——因为共同善要求解决这些协调性问题，所以这是一个具有规范性意义的事实。”[②]

菲尼斯的新解释的最后一个优点，在于它揭示了要将习惯形成作为国际秩序和国际共同体的一个行之有效的工具所必须解决的深层次的问题。对这些问题的回答构成了框架性习惯的内容。[③]

二、统治者的权威

相对于解释习惯的权威所需要的较高的难度而言，菲尼斯明显更青睐统治者的权威。从这两种权威的关系来看，后者也是权威的主要类型。正如在论述习惯的权威时首先批评了国际法学界对其的既有解释的合理性那样，菲尼斯在论述统治者的权威时也不满意于对其的既有解释——因此，他首先批评了对统治者权威性既有解释的不合理性，以此为自己对统治者权威性的解释奠基。

对统治者权威性的既有解释，正如现代的自然权利理论那样，其实都是由现代性早期的自然法学家所作出的——社会契约论。菲尼斯用“政治科学”这一术语来指称用社会契约论来解释统治者权威性的自然法理论，

---

① John Finnis, *Natural Law And Natural Rights*, Clarendon Press, 1980, p. 244.

② John Finnis, *Natural Law And Natural Rights*, Clarendon Press, 1980, p. 244.

③ 关于这些问题的具体内容，参见 John Finnis, *Natural Law And Natural Rights*, Clarendon Press, 1980, pp. 244 - 245。

以区别于他自己所认同的实践合理性传统。在政治科学的视野中，权威的有效性是一种经验的有效性，不同的人服从权威的动机是不同的，某些人的动机比其他人的要合理一些。“政治科学就能够说出关于这种相对的合理性的重要事情（important things），进而说出关于各种形式的政制的合法性（这种合法性是针对理性人而言的）的重要事情。但是，如果将对统治者权威性的理解作为一种对实践合理性的关注，那么统治者的权威性就完全是一种有效性事实。从假设意义上（即可以废止的意义上）讲，这种有效性是决定性的”①。换句话说，政治科学视野中权威的有效性是一种经验的有效性，而实践理性视野中权威的有效性是一种拟制的有效性。

具体地说，菲尼斯将社会契约论称之为法条主义理论（legalistic theories）。“这种理论试图通过参考某种可能是自我授权性的交易（如‘臣属契约’、‘同意’行为）的先在权威来证成统治者的权威性。”② 他将17世纪枢机主教贝拉明的理论作为法条主义理论典型予以批驳。他将贝拉明的论证过程梳理如下：

> 自然合理性要求政府权威的存在；
>
> 但是自然合理性并未将任何特定的人或阶层确定为政府权威的载体；
>
> 因此自然合理性要求政府权威的载体是全体大众，即共同体本身。③

菲尼斯认为，这个论证的两个前提都是正确的，但却不能得出贝拉明的结论。菲尼斯从其解决协调问题的两种方式出发，认为：“说‘共同体对本身享有权威’要么意味着说在这个共同体中没有权威，要么意味着通过一种含混的法律拟制或意识形态的话语方式就权威在某些共同体中的定位说出了某些别的东西。”④

即使否定了通过在先权威来证成统治者的权威性的法条主义理论，菲尼斯依旧承认在现实中出现权威的具体承担者的可能性。他指出：“必须

---

① John Finnis, *Natural Law And Natural Rights*, Clarendon Press, 1980, p. 247.
② John Finnis, *Natural Law And Natural Rights*, Clarendon Press, 1980, p. 247.
③ John Finnis, *Natural Law And Natural Rights*, Clarendon Press, 1980, p. 248.
④ John Finnis, *Natural Law And Natural Rights*, Clarendon Press, 1980, p. 248.

记住，在通常情况下，权威的未经授权的承担者第一个权威性的行为就是确立方向，以确保在未来权威的定位（不论是他们自己还是他们的继承者）不是由达成全体一致这一过程（在这一过程中，这些承担者仅仅以受益者的面目出现）的风险来决定，而是由权威性规则来决定。”[①]

这里，菲尼斯其实表达了两层意思。第一，作出第一个权威性的行为的权威的承担者的身份其实是存在瑕疵的，因为该承担者在作出上述行为时尚未获得权威性的授权；通过理解菲尼斯对法条主义理论的批判，足以认为这时的承担者也不可能获得任何“在先的”权威性的授权。第二，在未来，对权威的定位要由权威性规则来决定。

菲尼斯指出：“一旦社会秩序问题，以及作为对这些问题的理性回答的权威问题成为共同体中实践合理性反思的对象，关于权威定位的‘宪法性’规定就具有了首要的优先性。”[②] 在这种反思的过程中，菲尼斯承认：“每个人实际上愿意承认某人的发言权这个纯粹事实，是这个人在那个共同体中具有权威这一规范性判断在假定意义上必要的、在可推翻且意义上充分的条件。”[③] 但是，对于这一认识，需要加上两个重要的附款。“第一，由于以共同善为目的的权威的完全相同的可期待性，实践合理性要求在面对统治者自诩的发言权时，共同体成员在规范上应当予以默认（或者拒绝默认）、遵守（或者拒绝遵守），这是因为统治者被（或者未被）对于那一时刻、场所、领域和职责具有权威性的宪法性规则指定为权威的合法承担者”[④]。“第二，尽管不需要用不同于默认的‘同意’来对统治者的权威予以证成或合法化，同意这一观念却暗示着一种合理的估算方法，以决定即使在一般性默认不可能的情况下也应当服从某人的时刻，并决定其规定将获得一般性默认的人在什么时候无论如何都应该在实践理由中被视为不具有权威性。这种估算方法就是：当一个实践地合理的主体以共同善的观点认为他应当同意某个人的规定时，这些规定就具有权威性”[⑤]。

从这两点附款可以看出，菲尼斯在解释统治者的权威时已经潜在地运用共同善作为其基础。这一点与对习惯的权威的解释取得了一致。但是，

---

① John Finnis, *Natural Law And Natural Rights*, Clarendon Press, 1980, p. 249.

② John Finnis, *Natural Law And Natural Rights*, Clarendon Press, 1980, p. 250.

③ John Finnis, *Natural Law And Natural Rights*, Clarendon Press, 1980, p. 250.

④ John Finnis, *Natural Law And Natural Rights*, Clarendon Press, 1980, p. 250.

⑤ John Finnis, *Natural Law And Natural Rights*, Clarendon Press, 1980, p. 251.

需要注意的是，菲尼斯警告我们，这两点附款的作用是有限的，而且仅靠这两点并不能树立一种完全不同于法条主义的对权威的解释。事实上，法条主义理论的一个错误就在于将这两条附款作为基础性原则，从而忽视了更为根本的问题。正是在这一点上，菲尼斯借用福蒂斯丘的理论来继续批评法条主义理论。福蒂斯丘认为，恶人偶然创建了政府这一事实，并不影响统治权源于自然法这一点。的确，在这种情况下，是恶人确立了（establish）他们作为统治者的地位（rulership），但是统治者的地位本身却是由自然法所创立的（initiate）——“人们可以说人类通过自然法确立了统治权（governing power），但是归根到底更适宜说自然法通过人类确立了统治权。而不论他们是好是坏”[①]。菲尼斯认为，福蒂斯丘的这些思想体现了英国法官道德现实主义的立场。这一立场反对法条主义理论，将权威的终极渊源追溯到了基本实践原则和共同善的基本价值，从而从为了共同善协调行动的能力这一纯粹事实那里，推导出了关于权威的实践结论。

由此，在将统治者的权威从根本上追溯到基本实践原则和共同善之后，菲尼斯对统治者的权威的解释与对习惯的权威的解释就取得了一致。但是，他依然尚未回答定位权威的权威性规则或者宪法性规则到底是什么这一问题。在《自然法与自然权利》之中，菲尼斯是通过讨论统治者是否受自己的规则约束这一问题来回答前一个问题的。他之所以采取这样的策略，乃是因为：既然权威的承担者第一个权威性的行为是确立方向，以确保在未来权威的定位由权威性规则来决定，那么，如果统治者不受自己的规则的约束，则他依然可以推翻他所确立的权威性规则，导致权威定位的问题依然得不到解决。通过区分以统治者的能力而行动和以臣民的能力而行动这两种行动及相应的能力，菲尼斯论证了统治者应该受自己的规则所约束这一点。而一旦统治者受自己的规则的约束，而且这种约束不仅仅是政治上和道德上的约束，还是法律上的约束的时候，那么，就意味着权威不仅仅具有一种引导性的效力，而且具有一种强制性的效力。也就是说，要解决权威定位的问题，只能通过统治者也必须服从的权威性规则来实现；而在各种规则之中，唯有具有强制性的法律才能充当这种权威性规则的角色。

---

① John Finnis, *Natural Law And Natural Rights*, Clarendon Press, 1980, p. 251.

第三节　法律——权威的来源

上文讨论了权威的两种类型，并且在结尾处简要论证了为什么只有法律才能充当解决定位权威的问题的权威性规则这一点。但是，在我看来，在《自然法与自然权利》中，菲尼斯对权威与法律之关系的论证是不充分的。它依附于统治者的权威这一问题之下，试图通过讨论统治者是否受到自己的规则的约束这一问题，实现从权威到法律的简单过渡。的确，法律的强制性构成了法律作为权威的重要基础；但是，它是否能构成法律作为权威的全部基础，或者最重要的基础？这的确是一个值得思考的问题。尤其是对于不将强制性作为法律的主要特征的菲尼斯而言，这个问题就更加重要。事实上，菲尼斯只是在论述现实世界的法律秩序的特征时才将惩罚（强制性）这一特征放在了一个很不起眼的位置上，但他对法律权威性的坚持却贯穿了从圣徒世界到现实世界这两个世界。因此，尽管在《自然法与自然权利》之中，法律的强制性的确构成了菲尼斯从权威过渡到法律的主要基础，但我认为这可能是由于以下原因导致的——要么是由于某种写作策略使然，要么是由于他对权威与法律的关系尚未作出全面的说明。当然，也不排除这两个原因并存的可能。总之，在该书中，菲尼斯对权威与法律之关系的论证是不充分的——我认为，上述关系直到他于1984 年写作《当代社会理论困境中的法律权威性》一文后才获得清晰的澄清。①

正如上面这篇文章的标题所表明的那样，菲尼斯是从社会理论出发来考察法律权威性的。他这么做的原因与他对法律理论、社会理论与道德和政治理论三者关系的基本看法有关。在该文中，他坚持并发展了在《自然法与自然权利》中所阐发的下列观点，即一种纯粹的描述性社会理论必须依赖于某种明确的或含蓄的道德和政治理论。道德和政治理论决定着社会理论的轮廓，旨在查明那些解决人类共同体中行为和分配的实践问题的原则；而法律理论则是以上述原则为前提，解释这些原则为何并在什么

① 参见 John Finnis, 'The Authority of Law in the Predicament of Contemporary Social Theory', 1 *Notre Dame Journal of Law, Ethics & Public Policy* , 1984, pp. 115 - 137。

条件下具有效力。基于这种立场，法律权威性问题就是一个道德和政治理论、法律理论与社会理论三者共同的问题，而对社会理论中相关困境的解释也必然促使菲尼斯反思道德和政治理论这一核心领域中的相关问题。该文旨在研究法律理论的一个核心问题——对法律的道德权威性的解释与证成。[①]

该文分为三个部分：第一部分旨在与拉兹展开有关义务问题的争论；第二部分将考察当代社会理论在接受关于实践合理性的脆弱观念时所面临的困境的一些主要方面；第三部分讨论了法律权威性问题，以展示法律理论能够并且应当如何诉诸一种完整的公平观，从而解释具体的法律规范为什么可以具有道德上的约束力。[②] 本书根据主题的限制，先概述第二部分和第三部分的内容；对于第一部分的内容，将在讨论菲尼斯的义务理论时予以讨论；同时，本书这种安排也符合菲尼斯的内在思路，不存在逻辑断裂的问题。[③]

一、法律理论的起源与苏格拉底的转向——兼谈关于实践合理性的脆弱观念

菲尼斯认为，法律理论起源于柏拉图在《弥诺斯篇》中指出的苏格拉底的两个转变。

第一个转变是正确的转变，即根据实现人类善所需要的因素来解释法律权威性和法律义务。这个转变也表明，法律理论从一开始就与对法律权威和法律义务的解释结合在一起。第二个转变是错误的转变。这个转变将人类善与目的视为是可生产的——“即能被制造和完成，就像遵照一份食谱煎鸡蛋或根据一幅蓝图建桥梁那样”[④]。第二个转变虽然是错误的，但却是影响深远的，因为它催生了关于实践合理性的脆弱观念。“在这种

① 参见 John Finnis，‘The Authority of Law in the Predicament of Contemporary Social Theory’，1 *Notre Dame Journal of Law*, *Ethics & Public Policy* ，1984，p. 115。

② 参见 John Finnis，‘The Authority of Law in the Predicament of Contemporary Social Theory’，1 *Notre Dame Journal of Law*, *Ethics & Public Policy* ，1984，pp. 115 – 116。

③ 参见 John Finnis，‘The Authority of Law in the Predicament of Contemporary Social Theory’，1 *Notre Dame Journal of Law*, *Ethics & Public Policy* ，1984，p. 116. p. 121. p. 133。

④ John Finnis，‘The Authority of Law in the Predicament of Contemporary Social Theory’，1 *Notre Dame Journal of Law*, *Ethics & Public Policy* ，1984，p. 121.

观念中，目的是外在于产生目的所需要的过程的；过程仅仅具有工具性的价值。不论是个人的还是政治的实践合理性，都以一种脆弱的方式被视为是一种技艺，与其他技艺相比，仅仅在其目标上更加广泛，也许在其技术上还要求更加严格"[①]。

菲尼斯指出，西方社会理论经常回到上述关于实践合理性的脆弱观念之上。虽然根据阿奎那的理论可以批判这些观念，但是，以边沁为代表的现代法律理论还是走上了另一条道路——"边沁希望将所有原则工具化，将以某种可达到的世俗目的为目标的美德和社会安排工具化"[②]。

尽管以边沁为代表的现代法律理论建立在关于实践合理性的脆弱观念之上这一点是错误的，但是，在这些理论之中，依然有一些理论坚定地探索着在社会生活的环境中工具合理性的优点和局限，并取得了一定的成功。进一步地，正是对这些工具合理性理论的检讨与反思，构成了菲尼斯论证法律权威性问题的理论背景。

二、工具合理性理论对法律权威性的论证

上述工具合理性理论以博弈论和社会选择理论为代表。博弈论关注在社会环境中个人的决策制定。社会选择理论则关注为了整个社会而制定的决策，对这种决策的选择要建立在所有的个人偏好的基础之上。[③]

（一）社会选择理论

社会选择理论最主要的一个结果是阿罗定理[④]，即在任何联合个人偏好的非专断的、公正的、非任性的方法之下将会产生不及物或循环效果的情形。"不及物或循环效果"的含义是指："当效果甲胜过效果乙、效果

---

① John Finnis, 'The Authority of Law in the Predicament of Contemporary Social Theory', 1 *Notre Dame Journal of Law, Ethics & Public Policy*, 1984, p. 121.

② John Finnis, 'The Authority of Law in the Predicament of Contemporary Social Theory', 1 *Notre Dame Journal of Law, Ethics & Public Policy*, 1984, p. 123.

③ 参见 John Finnis, 'The Authority of Law in the Predicament of Contemporary Social Theory', 1 *Notre Dame Journal of Law, Ethics & Public Policy*, 1984, p. 124。

④ 肯尼斯·约瑟夫·阿罗（Kenneth Joseph Arrow 1921 年出生），美国经济学家，斯坦福大学教授。

乙胜过效果丙，而效果丙又胜过效果甲时，效果就是不及物的或循环的。”[①] 当发生这样一种情况时，个人偏好的联合就没有提供一种理性的、一致的或有意义的识别更好的“社会选择”的方法。这种不及物或循环效果对处于社会理论之中的法律理论的一个影响就是，它让我们知道公正的程序并不能保证准确意义上的公正的效果，也即大多数人的偏好。社会选择理论所面临的不及物性难题事实上并不是社会满足选择的特有问题。在个人选择中也会面临同样的难题。也正是由于不及物性难题，才使得在逻辑上需对作为社会选择理论的合作者的博弈论的可用性施以必要而严格的限制。[②]

（二）博弈论

博弈论试图为博弈者的选择提供指导。每个博弈者都知道他自己和其他博弈者的利益或偏好，都力求通过选择使他自己的利益和偏好的满足得以最大化。博弈者在做出选择时会猜测其他博弈者的选择，因为他自己选择的效果会受到其他博弈者的选择的影响，但是他并不知道其他博弈者真正的选择是什么。由于博弈论预测了对所有博弈者而言的效果，所以该理论的结论也被视为是社会决策制定的指导。[③] 博弈论的两个著名范式——囚徒困境和协调问题——都被一些理论家作为解释法律权威性的根据。

1. 囚徒困境

囚徒困境预设了一种具有下列两个重要特点的情形：“第一，每个博弈者将其利益最大化或者可能的损失最小化的努力将导致一种平衡。在这种平衡中，对每个博弈者而言，人通过合作所获得的东西远远比结果本身重要。第二，所有的合作性安排从根本上讲都是不稳定的，这既是因为为了获得更多的东西，又是因为为了避免因其他博弈者违背诺言而导致的非常严重的损失。”[④] 法律理论对第二个特点具有一种特别的兴趣，这是因

---

① John Finnis, ‘The Authority of Law in the Predicament of Contemporary Social Theory’, 1 *Notre Dame Journal of Law, Ethics & Public Policy* , 1984, pp. 124 – 125.

② 参见 John Finnis, ‘The Authority of Law in the Predicament of Contemporary Social Theory’, 1 *Notre Dame Journal of Law, Ethics & Public Policy* , 1984, pp. 125 – 126。

③ 参见 John Finnis, ‘The Authority of Law in the Predicament of Contemporary Social Theory’, 1 *Notre Dame Journal of Law, Ethics & Public Policy* , 1984, p. 126。

④ John Finnis, ‘The Authority of Law in the Predicament of Contemporary Social Theory’, 1 *Notre Dame Journal of Law, Ethics & Public Policy* , 1984, p. 126.

为“对要求合作的强制性规范的引入使得博弈者达到了较高的、对每个博弈者而言也是更为期待的一种平衡。这种平衡需要通过稳定的合作才能实现。但是根据博弈论的假设，每个博弈者又只有下面这一种动力：支持强制性规范的引入，但随后就秘密地违反这些规范从而破坏了平衡。”[①]由于博弈者的这种动力，就使得合作性平衡要远远少于对抗性平衡。因而，如果不能找到走出囚徒困境的办法，博弈论作为一种为社会决策提供指导的工具合理性理论在效果上就会大打折扣。

值得注意的是，阿罗等人指出：在现实世界中，人们对公平的关注要优先于对增进自身利益的关注；这一点可以使博弈者基于对公平的考虑作出选择，走出囚徒困境，实现更高的平衡。菲尼斯提醒我们注意，阿罗等人的方案之所以走出了囚徒困境，并不是因为用利他主义取代了利己主义，而是因为将下列两个因素结合到了一起——“第一，对将自己预先确定的偏好予以最大化的关注被对游戏的一种公平而可期待的结果的关注所取代。第二，必然存在一个协调个人选择的程序，以便达到稳定而公平的结果”[②]。对这两个因素的吸取构成了菲尼斯解释法律权威性的重要基础。

2. 协调问题

博弈论的另一个著名范式是协调问题。一些社会理论家认为它有助于解释协调与合作这种人类善，并试图将其作为一种解释法律和法律体系的模型。

在协调问题中，预设了某些只能通过合作才能实现的目标，因而博弈者对其具有一种共同利益。但是，对于实现他们的目标而言，存在多种彼此不兼容的协调博弈者行动的可供选择的方式，因而博弈者只能选择其中的一种；一旦博弈者选择了特定的协调方式之后，这种方式就作为最重要的解决办法具有了稳定性，并区别于不存在解决办法的情形。

菲尼斯指出，很明显，协调问题不足以作为一种解释法律的存在及特点的模型，这是因为协调问题与其他博弈论模型一样，都存在这样一个预设：“每个博弈者能够而且的确将可能的效果进行一个优先性排序，这个

---

① John Finnis, ‘The Authority of Law in the Predicament of Contemporary Social Theory’, 1 *Notre Dame Journal of Law, Ethics & Public Policy*, 1984, p. 127.

② John Finnis, ‘The Authority of Law in the Predicament of Contemporary Social Theory’, 1 *Notre Dame Journal of Law, Ethics & Public Policy*, 1984, pp. 127 – 128.

排序是完整的和及物的。"[①] 但是，"在实践合理性的现实生活中，各种可供选择的方式并不是以及物性的秩序表现自身的。"[②] 这是因为："如果没有人所选择的特定评价尺度，不同类型的善是不可通约的。而支撑评价尺度这一最基础的选择的理由绝不可能是评价尺度界定了被评估的善的数量，或者仅仅根据那种被评估的善在各种效果之间界定了及物性的顺序关系"[③]。总之，协调问题模式在解释法律理论的过程中把问题想得过于简单了。

三、菲尼斯对法律权威性的论证

在就工具合理性理论对法律权威性的论证进行梳理之后，菲尼斯试图在吸取上述理论合理因素的基础上，摒弃这些理论关于实践合理性的脆弱观念这一根本前提，通过诉诸一种完整的公平观以解释具体的法律规范为什么可以具有道德上的约束力。

菲尼斯指出："法律是一种政治权威性的范式。作为协调性问题的解决方法的渊源，政治权威性具有它最完整的解释。"[④] 由此可见，在认为法律是解决协调性问题的权威性方法这一点上，菲尼斯这篇文章既与以前的相关观点保持了一致，又批判性地吸取了博弈论中协调问题的相关内容。之所以说他与以前的观点保持了一致，是因为他早在论述统一性关系的四种类型时就指出，自然法理论所关注的人类共同体主要是第四种秩序意义上的共同体，而在这种共同体中，对人们的行为的协调正是所要关注的主题。[⑤] 之所以说他对博弈论中协调问题的吸取是批判性的，是因为按照他的界定，对"协调问题"这一术语的理解不能受到博弈论的各种预设的限制——"这个术语现在扩展到了任何情形，包括这样一种情形

① John Finnis, 'The Authority of Law in the Predicament of Contemporary Social Theory', 1 *Notre Dame Journal of Law, Ethics & Public Policy*, 1984, p. 131.

② John Finnis, 'The Authority of Law in the Predicament of Contemporary Social Theory', 1 *Notre Dame Journal of Law, Ethics & Public Policy*, 1984, p. 131.

③ John Finnis, 'The Authority of Law in the Predicament of Contemporary Social Theory', 1 *Notre Dame Journal of Law, Ethics & Public Policy*, 1984, pp. 131 – 132.

④ John Finnis, 'The Authority of Law in the Predicament of Contemporary Social Theory', 1 *Notre Dame Journal of Law, Ethics & Public Policy*, 1984, p. 133.

⑤ 参见 John Finnis, *Natural Law And Natural Rights*, Clarendon Press, 1980, p. 138。

（在这种情形之中，如果存在一种行动的协调，在实践中无法获得的那些明显有利的回报就能被相当多的人所获得），包括存在充分的共同利益以使得某些协调颇具吸引力的情形，还包括问题在于以协调的确会发生这样一种方式挑选一些适合的协调模式的情形”[①]。

他认为：“法律理论的核心问题在于：行动是如何被协调的？首先，某种解决方案是如何被挑选的？为什么一经被挑选它就意味着是一种解决方案？然后，在将其作为解决方案而实施的整个过程中涉及了什么样的内容？”[②] 菲尼斯早就指出，如果要在协调行动可供选择的行为方式之间做出选择，只存在两种方式——一种是全体一致，一种是权威。他进而强调：“不管采取哪一种方法，它都必须处理两个可以区分开来的问题：第一，对某种协调模式的挑选；第二，在获得可以期待的利益所要求的程度上在现实的合作中对那种模式的贯彻。”[③] 但是，由于全体一致在实践中是不可能的，于是就必然要求权威的出现，必然要求由权威在协调问题可供选择的解决方案之间进行选择。在权威选择解决方案的过程中，蕴涵着一个或多或少地独立的“框架性”协调问题：那些有关图式挑选的问题将如何被确定？[④]

如何理解这个“框架性”协调问题呢？菲尼斯指出了理解它的两种意义。在第一种意义上，“框架性”协调问题在性质上是短暂的——一旦相关人员选择了特定的解决方案，就意味着解决了协调性问题。在第二种意义上，协调性问题及其程序性解决方法作为政治制度的特点将长期存在——“那些参与政治制度的生活的人必须继续日复一日地承认下面这一点：即通过挑选某种图式所已从事的相关行为的确能解决那个问题；这不仅是为了过去，而且是为了现在。换言之，不论被挑选的方案是被一个习惯形成过程确定的，还是被法规、判断或其他权威性法令确定的，它都

---

① John Finnis, ‘The Authority of Law in the Predicament of Contemporary Social Theory’, 1 *Notre Dame Journal of Law, Ethics & Public Policy* , 1984, p. 133.

② John Finnis, ‘The Authority of Law in the Predicament of Contemporary Social Theory’, 1 *Notre Dame Journal of Law, Ethics & Public Policy* , 1984, p. 133.

③ John Finnis, ‘The Authority of Law in the Predicament of Contemporary Social Theory’, 1 *Notre Dame Journal of Law, Ethics & Public Policy* , 1984, p. 133.

④ 参见 John Finnis, ‘The Authority of Law in the Predicament of Contemporary Social Theory’, 1 *Notre Dame Journal of Law, Ethics & Public Policy* , 1984, pp. 134 – 135。

必须被视为是权威性的"[①]。必须注意的是，到了这里，菲尼斯实质上是从事了他在《自然法与自然权利》中已经开始但尚未完成的工作。具体地说，他在该书中区分了习惯的权威与统治者的权威，并将对习惯的权威的解释最终归结到框架性习惯这一点上，但是他并未对统治者的权威作出类似的解释。后一部分工作是在这里完成的——通过指出存在一个与框架性习惯相类似的"框架性"协调问题，他最终完成了对统治者的权威的解释。

但是，面对政治权威性与法律权威性，问题依然存在——为什么人必须将法律视为权威？"在公民认为是错误的图式中，什么是他的'共同利益'？而他又知道哪些因素会损害他呢？"[②] 菲尼斯指出："第一个问题的答案在于作为解决协调性问题的一种手段的法律体系的质量。使其具有权威性的法律体系的质量是它的一般特点。通过将其自身作为确定解决每一个协调性问题的办法的公共的、有特权的方式，并通过为承认这种有特权的地位提供理由，法律具备了它在具体的协调性问题中所力求的特点。承认这种有特权的地位各有理由。如果法律具有了这种地位，那它就在为不断出现和变化的协调性问题提供实践解决办法的过程中和提出上述解决办法所赖以产生的手段的过程中，提供了将速度与明确性结合起来的可能性……简言之，正是法治的价值赋予了法律体系被视为是权威性解决方式之渊源的独特资格。"[③] 较之于《自然法与自然权利》，在这里，菲尼斯的一个重要发展在于用法治的价值来解释了法律之所以具有权威的基础，而这又与法律的特征勾连到了一起。针对第二个问题，菲尼斯进一步发展了法律的第一个意义——无缝隙性。他说："存在一种共同利益或者共同目标。它使一个共同体即使在几乎每一个实践问题都不能达成一致的情况下依然是可能的和持续的。这种共同目标最具有直接重要性的要素是为了它们是所是而对待友谊和公平的共同意愿：友谊和公平构成了人类繁盛的内容；它们对许多可供替代的、具有强烈吸引力但却已被削弱的关于那种幸

① John Finnis, 'The Authority of Law in the Predicament of Contemporary Social Theory', 1 *Notre Dame Journal of Law, Ethics & Public Policy*, 1984, p. 135.

② John Finnis, 'The Authority of Law in the Predicament of Contemporary Social Theory', 1 *Notre Dame Journal of Law, Ethics & Public Policy*, 1984, pp. 135 - 136.

③ John Finnis, 'The Authority of Law in the Predicament of Contemporary Social Theory', 1 *Notre Dame Journal of Law, Ethics & Public Policy*, 1984, p. 136.

福的观念提供了反引力和批评。”[①]

由此，法律的权威性问题基本上获得了证成。

第四节　法律的基本问题

一、法律的定义

菲尼斯指出，“法律”一词从其核心意义上讲，主要指由某个确定而有效的权威（该权威本身由法律规则确定并在标准意义上建构为一项制度）为了某一“完全的”共同体，根据调控性的法律规则所制定的规则；它受到了与规则导向的、裁决性制度的规定相一致的制裁的支持。[②] 在这个概念中，被用来表述它的诸要素的各个术语本身也具有各自的核心意义。这些构成性的术语或多或少地都是例证化的，因此，“只有在其每一个构成性术语都得以完全例证化时，法律一词的核心意义才能得以完全例证化”[③]。

菲尼斯之所以要给法律作出上述定义，是因为他认为法律的概念“不但要能解释‘普通’法律话语所涉及的各种现象，而且要能通过阐明这些现象如何回应与人类关切和互动这一宽广领域相关的实践合理性的长期存在的要求来解释这些现象”[④]。为此，他区分了两个不同层面的问题——法律思维层面的问题和实践合理性层面的问题。从法律思维的层面上看，一条法律或规则要么是有效的，要么是无效的——不存在任何中间种类。“具备了这种有效性概念，法律人期望能够说如果一条规则是有效的、那它就是一条法律规则，如果一条规则是无效的、那它就不是一条法律规则。一条规则的有效性被视为就是法律体系的成员资格，因而这个法

---

① John Finnis, ‘The Authority of Law in the Predicament of Contemporary Social Theory’, 1 *Notre Dame Journal of Law, Ethics & Public Policy* , 1984, pp. 136 – 137. 另：关于法律的两个意义，参见第五章的相关论述。

② John Finnis, *Natural Law And Natural Rights*, Clarendon Press, 1980, pp. 276 – 277.

③ 参见 John Finnis, *Natural Law And Natural Rights*, Clarendon Press, 1980, p. 277。

④ John Finnis, *Natural Law And Natural Rights*, Clarendon Press, 1980, p. 279.

律体系在法律上就能被看做是所有有效规则的集合”[①]。

但是，菲尼斯认为，从法律思维层面观察到的法律现象不同于从实践合理性层面观察到的法律现象，他强调指出，上述集合“在法律程序的框架中以及在取向于从该程序中获得解决方法的法律思维中，是一个可资利用的技术性装置。人们不能认为这个装置可以适用于以下这一类完全不同的问题，即对法律程序在介于社会之中的人类生活的秩序性中的作用予以描述和解释，并对法律思维在理解并实现真正的人类善这一实践理性的努力中所处的地位予以描述和解释。在后面这两种话语中，如果认为某种社会秩序或者概念集合必定要么是法律、要么不是法律，或者要么是法律的、要么不是法律的，那就犯了一个哲学上的错误”[②]。

二、法律的特征

菲尼斯认为，法律的各种定义都趋向于聚集在由圣徒世界与现实世界这一划分所导致的两个极点上。[③] 相应地，法律秩序因而也具有了两种宽泛的特征。圣徒世界的法律秩序所具有的特征也为现实世界的法律秩序所具有，但是后者还有一些独有的特征。

圣徒世界的法律秩序具有以下五点基本特征：

第一，“法律通过规则与制度体系将明确性（definition）、具体性（specificity）、清晰性和可预测性引入到了人类交往之中；这些规则和制度相互关联，以至于规则界定、构成并调整制度，而制度创制、实施规则并解决有关规则之存在、范围、可适用性及运行等问题”[④]。

第二，“表明某条规则有效的主要法律方法就是要表明（1）在过去的某一时刻 t1，一个根据在 t1 时有效的规则而（由立法者、法庭或其他适宜的机构）作出的行为意味着一个有效的、因而是可操作的规则创制行为；（2）自从 t1 以来，因此被创制的规则尚未要么因为其自身的措辞、要么因为任何根据在 t2、t3 等时刻有效的废止规则而有效的废止行为终止

① John Finnis, *Natural Law And Natural Rights*, Clarendon Press, 1980, pp. 279 – 280.

② John Finnis, *Natural Law And Natural Rights*, Clarendon Press, 1980, p. 280.

③ 参见 John Finnis, *Natural Law And Natural Rights*, Clarendon Press, 1980, pp. 269 – 270。

④ John Finnis, *Natural Law And Natural Rights*, Clarendon Press, 1980, p. 268.

（停止生效）”[①]。

第三，“法律规则不仅调整这些规则的创制、实施和裁判，不仅调整制度的构成、特征和终止，而且调整私人个体可以修正规则之作用方式或适用的条件”[②]。

第四，“我们可以说法律思考（即法律）通过一种特殊技术将它所能提供的精确性和可预测性引入到了人类交往的秩序之中。这种技术认为过去的行为为按照彼时‘规定’的方式而行为给出了当下的、充分的和排他的理由”[③]。

第五、第四点中提到的这种技术得到了“无漏洞”这一一直有效的假定的进一步支持。具体地说，“无漏洞”的假定是指每一个当下的实践问题或协调性问题的每一个方面都已被过去的法律行为所规定。[④]

但是，在现实世界中，仅仅具有上述五点特征对法律而言并不充分。还需要补充上过错规则、犯罪规则、刑事程序和惩罚等因素。这些因素是现实世界的法律秩序所独有的。值得关注的是现实世界的法律秩序的最后一个特征——惩罚。在圣徒世界中，因为不存在反抗（recalcitrance）的问题，因而就没有对与惩罚相关的强制的需要；但是，在现实世界中，由于反抗法律的现象广泛存在，惩罚作为法律的一个必要特征也就得到了证立。

与其“法律的各种定义都趋向于聚集在由圣徒世界与现实世界这一划分所导致的两个极点上”这一主张相一致，菲尼斯对法律的定义也试图在圣徒世界与现实世界之间找到一个适合的中间点——在那里，惩罚依然是法律的必要特征。

三、法治及其局限

上述对法律的五个形式特征的解释，并未对这些特征与正义和共同善的要求的关系作出任何系统的说明。通过考察我们可以合理地借此认为

① John Finnis, *Natural Law And Natural Rights*, Clarendon Press, 1980, p. 268.

② John Finnis, *Natural Law And Natural Rights*, Clarendon Press, 1980. p. 268.

③ John Finnis, *Natural Law And Natural Rights*, Clarendon Press, 1980. p. 269.

④ 参见 John Finnis, *Natural Law And Natural Rights*, Clarendon Press, 1980. p. 269。

“法律体系”运行良好的各种条件，能对上述解释予以最佳的发展。[①] 需要指出的是，这种发展并不是要在法律的五个形式特征之外增加其他“实质”特征，而是要将这些形式特征予以尽可能精细的例证化。

说一个法律体系在法律上处于良好的状态，在术语上一般用“法治”来表述。菲尼斯参考其他学者有关法治特征的论述，列出了法治的八点需要（desideratum）。[②]他认为，法治是人类交往和共同体的一个优点。通过上述五个形式特征，法律力求建立可预测性这一首要价值。该价值也是宪制政府这一观念的首要价值。“宪制政府这一观念（它本身是法治观念的一个方面）最重要的组成部分是统治者要坚持他们在某种互惠性关系中的立场。在这种关系之中，权威所作出的主张要受到尊重，须以权威尊重共同善的主张为条件”[③]。因此，从可预测性、宪制政府、法治三者之间的关系，可以看出法律的形式特征与法治之间的关系。

简言之，法律的五个形式特征越精细化，上文所列出的八项需要就越能得到满足。因而，法治也就处于正义的要求之中。

但是，法治并非没有局限性。“在任何一个有关法律、合法律性和法治的理想如意识形态般流行（即：一种不是植根于对实践原则持续合理的把握的支持）的时代里，试图攻击共同善的人会通过遵守宪法和法律形式来有规律地获得和掌握权力。这种对宪法和法律的遵守不啻于是‘小心翼翼’的，因为这种遵守是受策略左右的、无诚意的、临时的。因此法治并不确保共同善的每一个方面。有时候它甚至没有确保共同善的实质”[④]。换句话说，尽管法治并不是一个可以为邪恶政权服务的工具，但是它与共同善之间也不存在一种必然的联系；法治的确是正义的一种要求，但并不是说实现法治就必然实现正义。

菲尼斯为此对法治作出了一个实践性评论和一个反思性评论。“实践性结论是这样一条在司法上获得承认的原则，即：成文宪法并不是自杀式的契约，必须通过为防止那些试图推翻宪法的人滥用宪法而必须的‘隐含的’禁止性

---

① John Finnis, *Natural Law And Natural Rights*, Clarendon Press, 1980. p. 270.

② 参见 John Finnis, *Natural Law And Natural Rights*, Clarendon Press, 1980, pp. 270 – 271。

③ John Finnis, *Natural Law And Natural Rights*, Clarendon Press, 1980, pp. 272 – 273.

④ John Finnis, *Natural Law And Natural Rights*, Clarendon Press, 1980, p. 274. ［英］约翰·菲尼斯：《自然法与自然权利》，董娇娇、杨奕、梁晓晖译，中国政法大学出版社 2005 年版，第 219 页。

规定和授权性规定来限制和扩大宪法的措辞”[1]。而反思性评论则是，权威是一种逐渐增加的责任，它存在的目的是共同体成员的善的长期存在的需要。

四、自然法与实在法的关系

就法律的核心意义而言，菲尼斯认为，自然法只是一种类比意义上的法律，实在法才是核心意义上的法律。[2] 在这一前提下，对要捍卫自然法立场的菲尼斯而言，论述自然法与实在法的关系就成为他必须完成的工作——他承认，任何合理的自然法理论都要试图理解特定社会的特定法律与实践合理性具有永恒相关性的原则之间的关系。[3]

在论述自然法与实在法的关系上，菲尼斯主要倚重了阿奎那和胡克的观点，认为上述关系存在着两种基本类型。与这两种类型分别对应的是两种实在法。

第一种类型是：“某个法律体系的某些部分通常都会，而且也完全应当包含与实践理性诸要求密切相关的规则和原则。这些要求本身就是直接源于某一特定基本价值与实践合理性的九项基本‘方法论’要求之中的一项或几项联合得出的推论。”[4] 尽管从逻辑上讲，这种类型的法律规范直接源于作为实践合理性诸要求的道德规范，但这并不意味着这种法律规范是对道德规范的照搬照抄——相对于使用规范性词汇的道德规范，法律规范更倾向于采用陈述性的语气。导致法律规范的专业起草者这么做的原因是：在起草者的心目中，存在着某种未来社会秩序的模式或者该秩序的某些方面，因而促使起草者试图复制该秩序；更为具体地说，“法律人在一种专业地建构的视角下看到了所期望的未来社会秩序”[5]。为了展现这种社会秩序，起草者就需详细说明在不同情况下与某一违法行为相对应的关系。要完成这一任务，陈述性语气当然比规范性词汇更加合适。[6] “因此，在一个高度发达的法律体系中，要将即使是一个实践合理性的毫无争

---

① John Finnis, *Natural Law And Natural Rights*, Clarendon Press, 1980, p. 275.

② 参见 John Finnis, *Natural Law And Natural Rights*, Clarendon Press, 1980, p. 280。

③ 参见 John Finnis, *Natural Law And Natural Rights*, Clarendon Press, 1980, p. 281。

④ John Finnis, *Natural Law And Natural Rights*, Clarendon Press, 1980, p. 282. ［英］约翰·菲尼斯：《自然法与自然权利》，董娇娇、杨奕、梁晓晖译，中国政法大学出版社 2005 年版，第 224 页。

⑤ John Finnis, *Natural Law And Natural Rights*, Clarendon Press, 1980, pp. 282 – 283.

⑥ 参见 John Finnis, *Natural Law And Natural Rights*, Clarendon Press, 1980, p. 283。

议的要求纳入法律之中也不是一件容易的事。作为要求，表述它的术语将不得不被放在与法律的其他部分的用语相融贯的用语中加以详细表述”①。

用阿奎那的话说，自然法与实在法的第一种类型的关系是实在法“像由一般原则演绎得出的结论那样从自然法推导而来”，而第二种类型的关系则是实在法“像一般性命令的实施那样从自然法推导而来”②。在第一种类型的关系中，除了上述道德规范与法律规范在语气上的差异以外，从内容上讲，两者并无二致。也可以说是道德规范的内容完全决定了法律规范的内容。

但是，在第二种类型的关系中，自然法只能原则性地决定实在法，而不能完全决定实在法的内容。具体规定实在法的内容这种权力掌握在立法者手中。但是，立法者的这种权力又不是无节制的。菲尼斯将约束立法者权力的因素称之为“一般理论”（a general theory）立法者只能在一般理论的框架内阐明某种“从属法则”（a subordinate theorem）。在阿奎那那里，一般理论就是：“仅仅就其由自然法推导而来而言，所有由人确立的法就都具有法的品性。”③ 根据这种一般理论，约束立法者的原则包括法治的需要以及其他大量与实践理性的基本原则和方法论要求相关的实质原则。为了进一步说明这些约束立法者的原则，菲尼斯区分了一阶原则与二阶原则。

一阶原则是约束立法者的原则，而二阶原则是指导法官解释和适用法律的原则。二阶原则以一阶原则为前提，或者说与对一阶原则的解释和适用有关。二阶原则并不是立法者所直接关注的对象。立法者直接关注的是一阶原则，因为正是它们才引导着立法者的立法行为。

一阶原则与二阶原则的关系颇为复杂。一方面，如果立法者在立法中忽视了一阶原则，那一阶原则就有可能以二阶的形式在立法的适用过程中控制该立法，从而使得该立法最后依旧是对一阶原则的实施；也就是说，一阶原则除了在立法过程中直接约束立法者以外，还可以在立法的适用过

---

① John Finnis, *Natural Law And Natural Rights*, Clarendon Press, 1980, p. 284.

② S. T. Ⅰ－Ⅱ, q. 95, a. 2c. See John Finnis, *Natural Law And Natural Rights*, Clarendon Press, 1980, p. 284.

③ S. T. Ⅰ－Ⅱ, q. 95, a. 2c. See John Finnis, *Natural Law And Natural Rights*, Clarendon Press, 1980, p. 285.

程中间接约束立法者。[1] 另一方面，几乎对每一个二阶原则而言，都有一个与之相对应的一阶原则；也就是说，二阶原则可以采取一阶的形式来引导立法者。[2]

菲尼斯总结道："总之，从实践推理的基本原则中推导出法律的确具有两种已被阿奎那所指出和命名的主要模式；但是它们并非两条泾渭分明的河流。"[3] 自然法与实在法这两种类型的关系相互交织在一起，需要我们结合个案仔细地分析。[4] 但是，可以确定的是，在他那里，自然法与实在法的关系并不是互相排斥的关系；其实，如果将他对法律给出的核心意义与他的自然法立场联系起来考察，也不难理解这一点。

那么，在这样一种背景下，自然法传统应该关注什么呢？菲尼斯认为，自然法传统的关注在于表明："'设定'法的行为是这样一种行为——它可以而且应该受到'道德'原则和规则的指导；那些道德规范是一个客观合理性的问题，而不是突发奇想、惯习或者纯粹'决定'的问题；同样是那些道德规范证成了（1）实在法制度本身；（2）自然法传统中的主要制度、技术和情态；（3）由法律调整和维系的主要制度。要真正表现这一传统的特征，仅仅注意到'道德'因而影响了'法律'这一历史学的或社会学的事实并不能令人满意，而是要力图确定实践合理性的要求究竟是什么，以便为立法者、法官和公民的活动提供理性基础。"[5] 正是在这段话中，在认可实在法是核心意义的法律的前提下，菲尼斯集中强调了自然法理论的意义所在。恰如学者理解菲尼斯时指出的："创立实在法应受自然法原则指引，真正有意义的在于为实在法创立提供理性基础，而不是限制实在法的作用范围。"[6]

从解决共同体中的协调问题出发，本章研究了菲尼斯关于权威的基本理论。他将权威划分为习惯的权威和统治者的权威。在这两种权威之间，

---

① 参见 John Finnis, *Natural Law And Natural Rights*, Clarendon Press, 1980, p. 287。

② 参见 John Finnis, *Natural Law And Natural Rights*, Clarendon Press, 1980, pp. 287－288。

③ John Finnis, *Natural Law And Natural Rights*, Clarendon Press, 1980, p. 289. ［英］约翰·菲尼斯：《自然法与自然权利》，董娇娇、杨奕、梁晓晖译，中国政法大学出版社 2005 年版，第 229 页。

④ 对此的一个说明，参见 John Finnis, *Natural Law And Natural Rights*, Clarendon Press, 1980. p. 289.

⑤ John Finnis, *Natural Law And Natural Rights*, Clarendon Press, 1980, p. 290。

⑥ 郑永流："法哲学是什么?"，郑永流主编：《法哲学与法社会学论丛》（一），中国政法大学出版社 1998 年版，第 29—30 页。

他更青睐统治者的权威。在解释统治者的权威的过程中，涉及了如何寻找定位权威的权威性规则这一问题。菲尼斯认为，对这个问题的回答，必须通过法律理论来实现。简言之，法律具有道德权威性，只有法律才能充当在共同体中定位权威的权威性规则这一角色。法律之所以能充当上述角色，是由其基本特征以及与之相关的法治所决定的。与此同时，作为自然法理论的法律定义，需要重新审视自然法与实在法的关系，从而既确保法律定位权威的基本功能的实现，又获得自然法传统的恰当关注，在自然法与实在法之间达致某种平衡。进一步地，对这种平衡的获得，需要在下一章研究义务问题之后方可实现。

第五章　义务——菲尼斯自然法理论的总结

上一章指出，义务问题将使菲尼斯的自然法理论在自然法与实在法之间获得某种平衡；而如果回顾一下菲尼斯对自然法理论史的梳理，义务理论也是他的一个主要关注点。正是上述两个方面的相互勾连，使得菲尼斯不仅回应了自然法理论史上的义务理论，而且通过用义务问题将权威与法律相勾连完成了自己自然法理论的体系构建。因此，无论从哪个方面来说，义务问题在菲尼斯的自然法理论中都占据了一种总结性的地位。

菲尼斯认为，对“义务”这个词汇而言，可以从两个方面加以考察。一方面，有关义务的所有表达和观念都与理性必然性（rational necessity）的某些形式有关，而菲尼斯也试图对这些形式有所探究。他认为这些形式同时也是实践合理性派生性的（derivative）要求。“另一方面，从词源上讲，‘义务’一词又与约定性或准约定性承诺的‘约束力’特别相关。在一些现代语言中，正如在英语中那样，从特定角色、安排或关系中推导而来的对他人的义务依旧是这一单词所标志的中心情形”[①]。义务的这两个方面并不是完全重合的。前一个方面比后一个方面在外延上更宽广。这要求我们既要注意到这两个方面的重合处（即要在理性必然性这一层次上留意那些与特定范围的正义、权利问题有关的次一级的层次），又要注意到那些不能为后一个方面所涵盖的理性必然性。

① John Finnis, *Natural Law And Natural Rights*, Clarendon Press, 1980, p. 297.

第一节　义务的中心情形——约定性义务

一、义务的约束力根源

正如约定性义务是义务的中心情形那样，约定本身也具有中心情形和边际情形。从中心意义上讲，“当且仅当（1）甲向乙表达了他的这一意图，即通过表达这个行为（并与乙对该行为的接受行为结合在一起）承担起了履行某种行为（或者确保某种行为得以履行）的义务；（2）乙为了自身的、或甲的、或第三人丙的利益而接受了甲的这种承担行为；那么，一项约定就得以构成”①。约定的作出相当于作出了一个表明义务存在的标记。“但是，在说出某一个表明义务创制的标记的过程中，并不存在义务创制的魔力”②。表达某一约定这个言语行为本身并不是导致义务产生的原因，因而更不可能是使义务具有约束力的原因。要探寻义务的约束力根源，必须予以深究。

菲尼斯总结了理论史上对义务之约束力根源的各种解释，并将它们分为两个层次。在他看来，这两个层次的解释都具有一定的说服力，但又不能完全成立，因此他提出了第三层次的解释。下文将分而述之。

“第一层次的解释贯穿了义务的标记和表达这个语言现象，并指向承诺性保证所扎根的复杂实践”③。“给出那些构成承诺的语言标记准确地说是通过履行自己的保证或者至少通过认可履行、赔偿等要求的适当性来表达一种加入并赞同整个实践的意愿”④。但是，第一层次的解释并没有把握约定性义务的意义所在，因为该解释“没有对义务观念在以下两类人的实践推理中所发挥的作用作出解释，这两类人就是承担义务的那个人和

① John Finnis, *Natural Law And Natural Rights*, Clarendon Press, 1980, pp. 298 – 299.

② John Finnis, *Natural Law And Natural Rights*, Clarendon Press, 1980, pp. 299 – 300.

③ ［英］约翰·菲尼斯：《自然法与自然权利》，董娇娇、杨奕、梁晓晖译，中国政法大学出版社2005年版，第240页。

④ ［英］约翰·菲尼斯：《自然法与自然权利》，董娇娇、杨奕、梁晓晖译，中国政法大学出版社2005年版，第240页。

那些将他的承担行为视为为他们的要求、压力、批评等提供良好（可证成的）理由的人”①。第一层次的解释拘泥于义务的标记和表达这个语言现象，并试图通过这个语言现象解释人加入承诺性保证这一实践的意愿，但是这一解释只是涉及了标记和表达义务的言语行为，而没有涉及义务本身——义务为什么会产生这一关键性的问题依然没有得到解释。

相对而言，第二层次的解释既独立于第一层次的解释，又与后者相一致，因为它能为后者所涉及的态度、倾向、反应等等提供理由，从而进入讨论义务问题本身的实质领域。第二层次的解释认为，人之所以要遵守其约定，约定之所以能产生对人具有约束力的义务，是因为如果人违背了自己做出的某一个具体的约定，就要面临失信于人的危险，这种危险极有可能持续相当长的一段时间甚至是该违约人的一生。对一个人而言，别人对他的信任构成了他的一种利益。所以，“如果不履行的话，对我的持续信任将是不可能的，而如果我想得到我想要的（即对我的持续信任），履行则是必要的”②。菲尼斯认为，这种解释尽管具有一定的说服力，但依旧不能令人满意。首先，那些对语言敏感的人会说这是一种对“审慎的”应当所作出的解释，而不是对义务的解释。其次，即使违约人因为违约而永远不能再次获得信任，这种风险也是非常微小的，甚至是可以忽略不计的，况且还存在难以发现违约人的违约行为的情形。“但是，即使在这些情形中，任何参与这种实践的人都不会怀疑存在一项义务；深思熟虑的分析家没有理由采用这样一种义务解释，它会强迫分析家认为：如果缺乏与履行有关的自我利益的动机，作为一个与其主体的实践推理有关的因素，义务就不存在”③。由此可见，利益也不能为义务的约束力提供一个完美的解释。正是因为这一点，菲尼斯提出了他自己对义务的解释，并将其定位为第三层次的解释。

第三层次的解释的鲜明特征是将共同善作为额外的解释维度引入对义务的解释。菲尼斯认为，使义务具有约束力的根源在于共同善的要求。约定这种实践就另一个人的行为而给与一个人的事物是“一种独特的适当方式，这一方式既有助于实现个体的（私人）目的，又有助于实现被当

① John Finnis, *Natural Law And Natural Rights*, Clarendon Press, 1980, p. 301.

② John Finnis, *Natural Law And Natural Rights*, Clarendon Press, 1980, p. 301.

③ John Finnis, *Natural Law And Natural Rights*, Clarendon Press, 1980, p. 302.

做共同事业而认可和实现的目的，后一种目的中的共同事业是为了‘共同体’或‘公共’利益，而不是为了确定的个人的利益”[①]。“所以如果一个人希望成为喜好并服务于共同善的人，他必须遵循这一许诺实践。”[②]当我们将对义务的解释提升到共同善这一个层次上时，即使是在违约行为不为人所知的情况下，义务也会因为其蕴含的价值而具有约束力，不受任何影响。

菲尼斯进一步指出，对于上述由共同善的需要这一实践合理性的第八项要求所推导而来的必然性，还必须用由不得任意偏爱某个人这一实践合理性的第三项要求推导而来的进一步的必然性加以补充。“一个人可以负担起某些责任，它们赋予别人就他的照顾和关注所提出的主张以适当程度的优先性。约定就是负担这些责任的一种方式。因为约定的作出创造了一个与该约定的相关人和主题有关的公正的新标准”[③]。一个公正的观察者可以将约定作为一个特殊的参照系来判断在与该约定有关的人之间公正是否得以实现。由于共同善就是个体的善，所以，这种由不得任意偏爱某个人这一要求所推导出来的公正标准是与共同善相一致的，属于第三层次的解释。

菲尼斯认为，从解释策略上讲，第三层次的解释与他对习惯的权威所作出的解释是相平行的，它们都需要依靠共同善的需要和一系列事实来加以说明。[④] 他指出：“鉴于这些经验性事实和上述共同善的持续需要，当且仅当个人履行其约定时，才能以合理的公正实现共同善；这种必然性就是其约定的义务。”[⑤]

至此，菲尼斯完成了对义务从三个层次上所进行的解释。必须指出的是，尽管他本人提出的是第三层次的解释，但这并不意味着他认为前两个层次的解释是不必要的，他只是认为前两个层次的解释是不充分的。进一步地，他认为这三个层次的解释可以统一在约定实践之中——“在实践层面上（即在说出约定的过程中等等），如果参与这一实践的人在根本上

---

① John Finnis, *Natural Law And Natural Rights*, Clarendon Press, 1980, p. 303.

② ［英］约翰·菲尼斯：《自然法与自然权利》，董娇娇、杨奕、梁晓晖译，中国政法大学出版社2005年版，第242页。

③ John Finnis, *Natural Law And Natural Rights*, Clarendon Press, 1980, p. 304.

④ 参见 John Finnis, *Natural Law And Natural Rights*, Clarendon Press, 1980, pp. 306 – 307。

⑤ John Finnis, *Natural Law And Natural Rights*, Clarendon Press, 1980, p. 307.

具有反思性，那么‘义务’的意义就包含了第一、第二、第三层次上的解释”[①]。

二、义务的可变与不变效力——以约定性义务与法律义务的比较为中心

前文已经指出，菲尼斯将约定性义务视为义务的中心情形。必须强调的是，这里的“约定性义务”（promissory obligation）与“法律中的契约义务”（contractual obligation in law）是完全不同的两回事，两者不可混淆。约定性义务指的是有关约定的非正式的人类实践或制度，法律中的契约义务属于法律义务，而法律义务只是义务的一种特殊情形。[②] 只有准确理解约定性义务在菲尼斯那里的含义，才能把握他所谓的义务的可变与不变效力的含义。

菲尼斯认为，约定性义务是非常易变的和非常脆弱的——“一个适当地作出的约定总是一个排他性理由，那就是说，它总能提供一个理由而不顾其他一些理由，后面这些理由是真实的，而且是具有相关性的，如果没有从事 Ø 行为的约定，它们足以证成不得从事 Ø 行为。但是，一个约定又往往是一个能被一些抵消性理由所挫败的排他性理由，它经常被很多常见的理由所挫败”[③]。因此，约定性义务的效力是变动不居的。由于约定性义务植根于非正式的人类实践，所以其效力的可变性也源于实践合理性的各种不同的形式和要求；正是这种可变性，使得超法律实践（extra－legal practice）具有了一种灵活性，如果没有这种灵活性，超法律实践就不可能存在。但是，与此同时，约定性义务效力的可变性也使得超法律实践具有了难以捉摸的不确定性，而这与法律思维明显是不相容的。正是基于这一点，法律义务才有别于约定性义务——约定性义务在不同情形中具有不同的效力，而法律义务在所有情形中都具有相同的法律效力。

菲尼斯强调指出，所有法律义务都具有相同的效力，并不影响许多法律义务的内容和影响范围是可变的这一事实。这种内容和影响范围的可变

---

① John Finnis, *Natural Law And Natural Rights*, Clarendon Press, 1980, p. 305.

② 参见 John Finnis, *Natural Law And Natural Rights*, Clarendon Press, 1980, p. 299。

③ John Finnis, *Natural Law And Natural Rights*, Clarendon Press, 1980, pp. 308－309.

性也可以说是一种法律义务在效力上的可变性，但这种可变性完全不同于约定性义务的效力可变性——法律义务的效力可变性以其效力不变性为基础，后者比前者具有更为根本的意义。

当然，法律思维并未拘泥不化地顽固坚持法律义务效力的不变性——在一定情况下这种立场也会有所松动。但是，“不同于约定这种非正式的社会实践，法律体系并不允许从简单的实践合理性的正当化层面回到实践层面的这种‘价值’或‘政策’考量的一种毫无限制的反馈”[①]。相反，法律体系严格限制这种反馈，从而强化了法律义务的不变效力。

第二节　法律义务

一、对法律义务效力不变性的三个层次的解释

上一节通过比较约定性义务与法律义务的不同，论证了法律义务之效力的不变性与可变性。但是，法律义务也有与约定性义务相似的地方——它也可以从三个层次加以解释。通过分析这三个层次的解释，还可以进一步凸显法律义务的不变效力。

菲尼斯将哈特对义务的解释视为第一层次的解释的代表，后者认为：“当人们对遵从某规则的一般要求是持续且强烈的，而且对那些违反或有违反之虞之人所施加之社会压力是强大的时候，我们会将此规则当做并说成是科予义务。”[②] 对于这样一类解释，菲尼斯批评道：“它们没有揭示或者解释实践推理，通过驱动并证成参与者眼中的实践，上述实践推理赋予了这种实践明确的统一性和意义——在任何仅仅基于‘社会压力’的有关非黑即白的、不变的义务的解释中，都存在一个特殊的缺点，社会压力在其压力和迫切性上必然不可避免地是非常多变的。”[③] 因此，具有多变性的社会压力不能为具有不变性的法律义务提供一个完整的和令人满意的

---

① John Finnis, *Natural Law And Natural Rights*, Clarendon Press, 1980, p. 312.

② ［英］哈特：《法律的概念》，许家馨、李冠宜译，法律出版社2006年版，第82页。

③ John Finnis, *Natural Law And Natural Rights*, Clarendon Press, 1980, p. 313.

解释。

对法律义务的第二层次的解释“通过指出人类对不履行义务性行为的反应来解释义务和义务性规则在实践推理中的效力和角色”[①]。这一类解释的典型代表是以制裁为唯一根据的法律义务理论。菲尼斯认为，这种解释具有与对约定性义务的第二层次的解释相类似的逻辑，所以对后者的批评也适用于前者。而由于对一个人违反法律的负面批评性反应这种威胁在强度和迫切性上也是多变的，所以这一层次的解释同样不能为具有不变性的法律义务提供一个合格的解释。

基于对前两个层次的解释的不满，与对约定性义务的解释所遵行的逻辑相类似，菲尼斯提出了第三层次的对法律义务的解释。在展开解释之前，他先进行了一个技术上的调整。在论述自然法与实在法的关系时，他认为法律规范与道德规范的一个区别在于前者往往使用陈述性语气而后者往往使用规范性词汇；但是，他也承认，为了分析的目的，法律规范可以被描述为“如果 p、q、r，则 XOØ”这样的形式——“其中，‘p、q、r’表示法律义务所赖以产生的条件，‘Ø’代表某一表示由在那些条件下规范的相关主体 X 作出的义务性行为的行为描述，而‘O’则是一个表示义务的模态算子（modal operator），用以表示在那些条件下 Ø 对 X 而言是具有义务性的”[②]。如果采用上述形式，解释法律义务的效力这一问题其实就是解释下列问题：“（1）一条施加义务的法律如何为行动提供理由，该理由不能独立于那条法律而存在，而且的确由‘法律’或法律体系本身所提供；（2）对法律思维而言，为什么这样一条法律的义务具有法律义务的非黑即白的特征，也就是说，即使在‘Ø’代表着某种诸如‘提供合理质量的商品’等模糊的或可变地例证化的行为描述中，模态算子‘O’如何才具有了一种全有或全无的表示义务的效力。”[③] 而要回答这些问题，就要正确界定守法主体的实践推理，也就是提出第三层次的解释。这一实践推理的相关图式如下：

第一步：为了共同善，我们需要遵守法律。

第二步：但凡在 Ø 被法律规定为义务之处，遵守法律的唯一方式就

① John Finnis, *Natural Law And Natural Rights*, Clarendon Press, 1980, p. 313.

② John Finnis, *Natural Law And Natural Rights*, Clarendon Press, 1980, p. 314.

③ John Finnis, *Natural Law And Natural Rights*, Clarendon Press, 1980, p. 314.

是从事 Ø 行为。

第三步：因此，在 Ø 已经被法律规定为义务之处，我们需要从事 Ø 行为（这对我们而言是具有义务性的）。[①]

面对上面这个图式，菲尼斯提出了这样一个问题：第一步和第二步的理性渊源和效力是什么呢？与此相关，如果要将这一图式作为第三层次的解释，那么该图式又是如何解释法律义务的不变效力的呢？

菲尼斯承认，由于有时候违法行为恰恰能最好地保护和实现共同善，所以第一步的效力是可变的，而不是不变的，它将会因情况的不同而不同。他认为，法律义务效力的不变性并不源于第一步，而是源于第二步。但是，第二步又是第一步的必然要求，因为要遵守法律这一要求是被第一步所规定的；而一旦遵守了法律，就意味着："你必须从事每一个法律已经规定为具有'义务性'的行为，这一点要体现在时时刻刻和这些规定所适用的所有方面"[②]。这正是法律义务效力不变性的体现，你要么是服从某条法律进而服从整个法律体系，要么是背叛某条法律进而背叛整个法律体系，不存在既背叛了某条法律同时又服从整个法律体系的可能。[③]"简言之，法律禁止从那些可以给与第一步某种可变效力的一般价值和原则到第二步的任何反馈（除了通过制度化渠道和程序之外）；通过将第一步视为某种框架性原则或假定，可以系统地忽略上述价值和原则。因此，作为一个以供希望遵守法律的人借以进行实践推理的体系，法律力求赋予在第三步即守法公民的结论中所表达的理性必然性以不变效力"[④]。也可以说，法律义务效力的不变性由第二步奠定了基础，在第三步得到了实现。由此，法律义务效力的不变性通过守法公民（好公民）的实践推理过程得到了说明。

但是，好公民认可了法律义务效力的不变性并不意味着他对法律本身缺乏反思——"好公民总是能从第一步在法律思维中所具有的未经讨论的假定或框架性原则这种地位出发回到第一步。通过在整个实践推理流程中重新定位第一步，它被赋予了一种作为前提的道德效力"[⑤]。在这里，

① 参见 John Finnis, *Natural Law And Natural Rights*, Clarendon Press, 1980, p. 316。

② John Finnis, *Natural Law And Natural Rights*, Clarendon Press, 1980, p. 317.

③ 参见 John Finnis, *Natural Law And Natural Rights*, Clarendon Press, 1980, p. 317。

④ John Finnis, *Natural Law And Natural Rights*, Clarendon Press, 1980, p. 317.

⑤ John Finnis, *Natural Law And Natural Rights*, Clarendon Press, 1980, p. 318.

菲尼斯作了一种技术上的区分，他将“法律思维”从“整个实践推理流程”中独立了出来。他指出：“法律因此期望并试图利用，事实上是吸收和接受‘好公民’的实践推理图式，并赋予其一种不容置疑或教条式的地位。它试图将我所谓的‘法律思维’或‘纯粹法律思维’与实践推理的其他部分割裂开来。”① 也就是说，好公民的实践推理图式就是整个实践推理流程，而法律思维只承认它的第二步和第三步。

上文已述，通过在整个实践推理流程中重新定位第一步，它被赋予了一种作为前提的道德效力。因而，在第三步中得以展现的“道德义务的一种形式是法律义务”这一道德定理就与“法律义务是不变的”这一法律原则区别开来；“每一部施加义务的法律在法律上的相同义务要与遵守每部法律的道德义务清晰地区别开来”②。这就是说，法律义务效力的不变性在第二步和第三步中得到了体现，但是，由于好公民总是能够回到第一步，基于道德反思的具体性，从而可以在实践推理框架中审视遵守每部法律的道德义务。

事实上，菲尼斯随后立即承认，遵守每部法律的道德义务在效力上是可变的。③ 那么，这种效力可变的道德义务对遵守法律而言是否会构成一种威胁呢？他认为，遵守法律义务的道德义务相对较重，法律为我们提供了作为或不作为的具有强烈排他性的道德理由。④

所以，对于实践推理图式而言，既能从受到限制的法律意义上去理解并由此产生法律思维的理解模式，又能从不受限制的道德意义去理解并由此实现对整个实践推理流程的理解。法律思维的理解模式满足了特定的法律科学的要求，这种法律科学主张法律义务具有不变性并区别于所有道德义务。而对整个实践推理流程的理解则满足了第三层次的解释策略的要求。

需要指出的是，对于法律义务的效力不变性这一点，不论是自然法学者还是实证主义者，都是赞同的。换句话说，两大阵营共享了实践推理的第二步，分歧出现在对第一步的理解上。法律思维的理解模式体现了实证主义者的看法，它在采纳好公民的实践推理图式的同时，又否认道德反思

---

① John Finnis, *Natural Law And Natural Rights*, Clarendon Press, 1980, p. 318. pp. 316 – 317.

② John Finnis, *Natural Law And Natural Rights*, Clarendon Press, 1980, p. 318.

③ 参见 John Finnis, *Natural Law And Natural Rights*, Clarendon Press, 1980, p. 318。

④ 参见 John Finnis, *Natural Law And Natural Rights*, Clarendon Press, 1980, p. 319。

的可能性，从而把第一步视为一个未经讨论的预设，将其与第二步和第三步割裂开来，实质上是搁置了第一步。自然法学者则从对整个实践推理流程的理解出发，认可了好公民进行道德反思的可能性。第一步因而通过重新定位具有了道德效力，对第二步和第三步发挥着一种前提性的作用，并因此在整个实践推理流程中占据着一种结构性的地位，而不是一个未经讨论的预设。

进一步地，在上述两种不同理解的基础上，法律义务又可以细分为纯法律意义的法律义务和道德意义的法律义务。具体地说，如果坚持法律思维的理解模式，否认第一步与第二步和第三步的因果联系，那么所得出的义务就是纯法律意义的法律义务；反之，如果坚持对实践推理流程的整体理解，承认第一步与第二步之间的因果联系，那么所得出的义务就是道德意义的法律义务。

二、纯法律意义的法律义务

菲尼斯对纯法律意义的法律义务的分析，是从分析法律人之间的有关契约创制的法律义务这一问题的争论开始的——“这种法律义务是要履行所承担的事项，抑或只不过是在一方不履行的情况下向另一方予以损害赔偿的义务?”[①] 这一争论的核心在于——契约义务究竟是一种履行还是一种赔偿？由于法庭倾向于将救济作为某种施加义务型规则的标志，因此就很容易得出下面这一推论——“法律义务的边界与救济的可获得性相毗连”[②]。也就是说，义务与救济的界限很难分清，甚至在一些领域中，“救济的可获得性经常是表明某一施加义务型法律规则的存在及其范围的主要标志，有时就是唯一的标志”[③]。

菲尼斯指出，上面这种观点的一个典型代表是霍姆斯，后者的法律理论可以表述为：“对甲而言，负有 Ø 这一契约义务意味着甲必须要么从事 Ø 行为，要么予以损害赔偿。”[④] 这种表述意味着在 Ø 行为与损害赔偿之间，存在着一种选择的可能，而且至少从该表述来看，这种选择对甲而言

---

① John Finnis, *Natural Law And Natural Rights*, Clarendon Press, 1980, p. 321.
② John Finnis, *Natural Law And Natural Rights*, Clarendon Press, 1980, p. 322.
③ John Finnis, *Natural Law And Natural Rights*, Clarendon Press, 1980, p. 322.
④ John Finnis, *Natural Law And Natural Rights*, Clarendon Press, 1980, p. 323.

是自由的，不论甲选择哪一种，都不会受到价值上的赞赏或者批评。因此，菲尼斯指出："对霍姆斯观点的反思应该从下列认识开始，即一个法律体系当然能在这种选择意义上解释它所有的义务施加型规则：要么从事Ø行为，要么遭受所规定的'惩罚'（由你所愿），或者，更狭义地说，它能在那种意义上理解所有的契约。"① 但是，不管是在民法法系，还是在普通法系，契约为履行而缔结这一原则都决定了法律体系在事实上不允许任何人在上述选择意义上缔结契约。简言之，忠于法律体系意味着一个人要履行他所承担的义务，而不论是提供还是愿意损害赔偿，抑或在评估以后予以损害赔偿，都不足以体现这个人对法律体系的忠诚。

菲尼斯总结道："对我们而言，这一事实上普遍的对契约和契约义务的法律解释的意义在于，它表明由于共同善之故，契约获得了法律的支持，共同善受到了来自下列两个方面的积极巩固：（1）由于履行契约而使之成为可能的行动的协调和协调性问题的解决，（2）积极鼓励这种完全的协调性履行并阻止不履行行为的某种社会实践的持续存在。"② 因此，霍姆斯的契约观明显不适合被用以作为增进共同善的工具，特别地，如果因循霍姆斯的契约观而选择接受法院的惩罚，那么在因增加诉讼成本而耗费社会资源的情况下，更不可能认为霍姆斯式的契约可以增进共同善。

因此，如同契约义务一样，纯法律意义的法律义务就是从事法律所要求的相关行为，而不是因违反法律的规定所遭受的惩罚。

三、道德意义的法律义务

与其对纯法律意义的法律义务的分析相似，菲尼斯对道德意义的法律义务的分析，也是从分析道德学家之间有关遵守某一创制法律义务型法律规则这种道德义务的争论开始的，这个争论的核心在于这种道德义务的内容——"它是指要按照法律规则暗示地或明示地命令主体的内容行事，抑或只是服从法律在与该主体的作为或不作为相关的某些条件下所规定的'处罚'的义务？"③ 不难看出，围绕道德意义的法律义务所展开的争论与

① John Finnis, *Natural Law And Natural Rights*, Clarendon Press, 1980, p. 323.

② John Finnis, *Natural Law And Natural Rights*, Clarendon Press, 1980, p. 324.

③ John Finnis, *Natural Law And Natural Rights*, Clarendon Press, 1980, p. 321.

围绕纯法律意义的法律义务所展开的争论在内容上是极其相似的，甚至是完全一致的，这说明这两种争论的区别不是内容上的区别，而是层级上的区别——一个是在道德层面上，一个是在法律层面上。进一步地，由于在实践推理的流程中道德意义的法律义务是纯法律意义的法律义务的逻辑前提，所以这两种争论又具有逻辑上的关联。正是在这种意义上，菲尼斯说这两种争论提出了相互重叠和对应的问题。[①]

他指出，在学术史上，上述围绕道德意义的法律义务所展开的争论，可以追溯至自 15 世纪晚期开始的有关纯粹处罚法律所展开的争论。菲尼斯将后一种争论的核心主张概括为："某些法律与其被解释为向主体施加了 Ø 这一法律义务（因此，通过我们一直在研究的可能的衍推，也是道德义务），更应被解释为向主体施加了只不过是接受处罚 P 的义务——或者，在该理论的某些版本里，是仅仅向主体施加了要么 Ø 要么接受处罚 P 的选择性义务。"[②] 如果一部法律能够按照纯粹处罚法律理论进行解释，那就可以将这部法律称为是一部纯粹处罚法律。

在对纯粹处罚法律理论进行分析之前，有必要介绍一下采纳该理论的理论家们所适用的一组关键术语。这组术语早在纯粹处罚法律理论起源时就已产生，是阐述后者的基本工具。这组术语就是：道德律（lex moralis）、混合处罚律（lex poenalis mixta）和纯粹处罚律（lex pure poenalis）。纯粹处罚法律理论家认为：如果法律规定采用了"如果 p、q、r，则 XOØ"的形式，则这一形式就被称为道德律；如果法律规定采用了"如果 p、q、r，则 XOØ：对不履行行为的处罚是 P"的形式，则这一形式就被称为混合处罚律；如果法律规定采用了"如果 p、q、r，且 X（没有）从事 Ø 行为，则处罚 P 就要施加到他之上"的形式，则这一形式就被称为纯粹处罚律。

纯粹处罚法律理论的第一个代表性人物是十六世纪法学家阿方索斯·德·卡斯特罗（Alphonsus de Castro），他认为要解释一条法律是否是一条施加了只是接受处罚的义务的法律，其决定性基础在于法律的形式。如果一条法律是纯粹处罚律，那它完全符合上述要求。如果一条法律是混合处罚律，那它施加的义务是 Ø 而不是 P。"简言之，对卡斯特罗而言，唯一

---

① John Finnis, *Natural Law And Natural Rights*, Clarendon Press, 1980, p. 321.

② John Finnis, *Natural Law And Natural Rights*, Clarendon Press, 1980, p. 326.

一类没有向公民施加 Ø 这一直接义务的执行性法律就是采用纯粹处罚律形式的那一类法律"[①]。卡斯特罗的理论动机是要批评那些否定处罚性法律规定了法律义务的人，后者认为只要某一法律规定了处罚，那么它就没有规定义务，而卡斯特罗则认为只有纯粹处罚律才没有规定义务，道德律和混合处罚律都规定了义务。但是，他的这种策略却太过形式主义，不能为区分 Ø 与 P 提供实质性理由，从而招致了很多批评。[②]

为了回应卡斯特罗的理论，在 16 世纪后半叶，出现了第二种版本的纯粹处罚法律理论，这一派理论认为："立法者可以采取两种方法来赋予其命令以行动指引的效力：他要么在该命令后附上由他的官员在不遵守该命令的行为发生时所施加的制裁 P 这种威胁，要么在该命令后附上一个道德义务（其结果是，不遵守命令的主体将在来世遭受由神对其罪恶所施加的处罚）。"[③] 而如果立法者选取了前一种方法，其所制定的法律就是一部纯粹处罚法律，从而未对主体施以任何包括道德义务在内的义务。按照这种理论，不论是纯法律意义的法律义务，还是道德意义的法律义务，都仅仅意味着不过是对人的或神的制裁所应承担的责任。这样一种义务观遭到了苏瓦雷茨的批评，他认为这种义务观将最可执行法律中的针对守法公民的实在指令的所有痕迹都消除了并且对义务作出了一种将其等同为所应承担的处罚的化约主义解释。苏瓦雷茨不赞成第二种版本的纯粹处罚法律理论的这种义务观，因而提出了可以被称之为第三种版本的纯粹处罚法律理论。

苏瓦雷茨首先从技术上修正了对纯粹处罚法律的界定，在这一点上他已经不同于前两种纯粹处罚法律理论对前述道德律、混合处罚律和纯粹处罚律这一组术语的使用。他的界定是：如果一部法律（不论其形式如何）可以被解释为向主体施加了要么 Ø 要么服从处罚 P 这样一项选择性义务，那就可以说这部法律是一部纯粹处罚法律。但是，他认为，并不是每部规定了或涉及处罚的法律都可以被解释为纯粹处罚法律。要判断一部法律是否是一部纯粹处罚法律，必须遵循一定的解释原则，如果缺乏这种原则，那就不妨适用卡斯特罗的标准，即认定卡斯特罗意义上的纯粹处罚律并未

---

① John Finnis, *Natural Law And Natural Rights*, Clarendon Press, 1980, pp. 326 – 327.

② 参见 John Finnis, *Natural Law And Natural Rights*, Clarendon Press, 1980, pp. 327 – 328。

③ John Finnis, *Natural Law And Natural Rights*, Clarendon Press, 1980, p. 328.

向主体施加 Ø 这一义务。但与此同时，苏瓦雷茨又反对以卡斯特罗为代表的第一种纯粹处罚法律理论的纯粹形式主义，他认为由于刑罚的严厉程度或法律主体事项的内在重要性，使得立法者必然意图向公民施加一项直接义务，而这项直接义务并不是一项选择性义务。总之，通过梳理苏瓦雷茨的理论脉络，可以清理出他的下述基本立场：第一，并不是每部法律都是纯粹处罚法律，即并不是每部法律都规定了要么 Ø 要么服从处罚 P 这样一项选择性义务；第二，不论一部法律是不是纯粹处罚法律，它都必然要向公民施加一项直接义务，而非一项选择性义务；用道德学家有关道德意义的法律义务的争论所使用的话说，就是义务的履行与因不履行义务而导致的处罚是两回事。至此，通过对纯粹处罚法律理论发展的一个梳理，菲尼斯说明了道德意义的法律义务的真正内容。

总之，针对本章前两节的内容，可以归纳如下：前两节以约定性义务与法律义务的比较为中心，分别介绍了对约定性义务和法律义务的三个层次的解释，并在对两者的第三层次的解释也即菲尼斯自己提出的解释中将两者的约束力根源归结到共同善之上。具体地说，第一节通过区分义务的可变效力与不变效力，区分了约定性义务与法律义务；第二节以义务的不变效力与可变效力的区分为基础，将法律义务进一步区分为纯法律意义的法律义务与道德意义的法律义务。为什么说法律义务的进一步区分要以义务效力的区分为基础呢？因为正如第二节在讨论纯法律意义的法律义务与道德意义的法律义务的产生机理时所指出的那样，由于坚持纯法律意义的法律义务的法律思维的理解模式否认在实践推理流程中第一步作为前提的道德效力，只承认第二步和第三步，从而只承认义务的不变效力；反之，由于坚持道德意义的法律义务，对实践推理流程的整体理解承认在实践推理流程中第一步作为前提较之于第二步和第三步的道德效力，因而在认可法律义务的效力不变性的同时，也由于“道德义务的一种形式是法律义务”这一认识，[①] 承认了在一定条件下纯法律意义的法律义务可以向道德意义的法律义务回归，具有效力的可变性。当然，菲尼斯既承认具有不变性的纯法律意义的法律义务，又承认具有可变性的道德意义的法律义务，并且认为后者为前者奠定了前提性的道德效力。

---

① 参见 John Finnis, *Natural Law And Natural Rights*, Clarendon Press, 1980, p. 318。

第三节　义务与意志

一、义务并不源于立法者意志

尽管苏瓦雷茨提出的第三种版本的纯粹处罚法律理论有助于说明道德意义的法律义务的真正内容，但这并不意味着这种理论能够说明有关义务的所有问题。或者说，菲尼斯并不赞成这种理论对有关义务的其他问题的解释，他指出："所有版本的纯粹处罚法律理论都有一个共识，即义务是立法者意志的一种效果，可以通过参考这种意志的驱动力而得以解释，而立法者可以在表明他视之为共同善所需的某种规则或共同行为模式时随心所欲地施加或者拒绝施加义务。"①

菲尼斯认为，纯粹处罚法律理论的这种义务观存在两个表层问题和一个深层问题。第一个表层问题是所有的纯粹处罚法律理论几乎不可避免地陷入了虚构之中——"事实是，很少有立法者具有在使行为具有法律上的义务性与将其置于处罚之下这二者之间进行区分的任何愿望，甚至更少有人就其立法的道德含义具有任何意志或意图。"② 第二个表层问题是："这种理论的所有版本都混淆了税收与处罚之间的区别"③。纯粹处罚法律理论认为：在下面两种行为方式之间——一种是与法律规定的共同方式不一致因而要遭受处罚的行为方式，一种是法律本不应予认可但是愿意以公民付出某种成本为代价而予以认可的行为方式——只存在形式的差别，不存在实质的差别。但是，菲尼斯认为上述差别不仅是形式的，更是实质的——一种是法律所禁止的，一种是法律所允许的。因此，他写道："'纯粹处罚法律'理论家们使得法律调整难以精微细致地进行，因而比较不适宜作为共同善的手段。"④

---

① John Finnis, *Natural Law And Natural Rights*, Clarendon Press, 1980, p. 330.

② John Finnis, *Natural Law And Natural Rights*, Clarendon Press, 1980, p. 331.

③ John Finnis, *Natural Law And Natural Rights*, Clarendon Press, 1980, pp. 331 - 332.

④ ［英］约翰·菲尼斯：《自然法与自然权利》，董娇娇、杨奕、梁晓晖译，中国政法大学出版社2005年版，第261页。个别词语有改动。

除了上述两个表层问题之外，纯粹处罚法律理论的一个深层问题还是在于它所抱持的义务源于立法者创制某一义务施加型规则的决定这种观念。为了批判这种观念，菲尼斯设想了一个在联邦国家存在的联邦义务的例子，通过这个例子说明：一个拥有制定法律的权威的人的确可以规定 Ø 对甲而言是具有法律义务性的，从而使得 Ø 具有法律上的义务性并因此具有道德上的义务性。但是，与此同时，这个例子也说明：Ø 所具有的法律义务性和道德义务性并不源于立法者的“高级意志”的任何“效力”，而是源于立法者已经如此决定这一事实与导致该事实具有法律上和道德上的重要性的某种“更高”原理之间的关系。[①] 立法者的决定仅仅是导致 Ø 产生的一个事实要件，而不是导致 Ø 具有义务性的原因本身。对于这种原因的探寻，必须去探究那种“更高”原理。在严格的法律分析中，这种原理存在于赋予特定类型的立法行为以法律效果的某些法律（some law）之中；而在更为广阔的实践推理的视角下，这种原理的内容就是：“要增进共同善、对协调性问题的权威性规定要为了共同善、而法律调整是权威性规定的一种好方法。”[②] 所以，对义务内容的确定，不是要通过追问立法者意志的内容来确定，而是要通过追问出于共同善的需要，立法者规定义务的行为对实践合理性而言具有何种意义来确定。“立法者的意志行为之所以对其他人的实践理由具有意义，仅仅是因为它们能在一个并不属于立法者创制的规范性框架中具有它们的地位”[③]。而在这个框架中，并不存在立法意志规定义务内容的空间。

二、义务源于作为理性范畴的命令权

尽管通过对纯粹处罚法律理论上述两个表层问题和一个深层问题的剖析，菲尼斯已经在义务的来源与立法者的意志之间划出了一道初步的界限，但是他对这个问题的分析还没有结束，对纯粹处罚法律理论的相应批判也没有结束。他通过将政治——法律领域中的合理性与纯粹决定这两个因素之间的相互影响与个人的自我决策和行动进行了类比，从而发现了阿

---

① 对这个例子的详细讨论，参见 John Finnis，*Natural Law And Natural Rights*，Clarendon Press，1980，pp. 332 –334。

② John Finnis，*Natural Law And Natural Rights*，Clarendon Press，1980，p. 335.

③ John Finnis，*Natural Law And Natural Rights*，Clarendon Press，1980，p. 335.

奎那与苏瓦雷茨的两种截然对立的立场。

首先需要指出的是，在个人行动这一问题上，阿奎那和苏瓦雷茨都赞成理性与意志的二分。理性可以理智地把握某一目的、价值、目标，但是这并不能导致行动，行动要求一个人具有积极追求上述目的、价值、目标的能力，而这种能力属于意志的范畴。理性可以理智地考虑实现某一目的的各种方式，评估这些方式各自的效用、可适用性和优缺点，但是这也不能导致行动，行动要求选择一个特定的方法并决定的确要如此行动，而后面这一点也只有依靠意志才能实现。

尽管阿奎那与苏瓦雷茨都认为决定属于意志的范畴，但是阿奎那作出了一个进一步的区分。他认为，在决定与一个人真正实施其决定所依赖的身体和心理活动之间，还存在一定的区别，他将后者称之为命令权（imperium），并将其划入理性的范畴，主张促使人行动的因素并不是一个人的决定，而是这种命令权。由此可见，在苏瓦雷茨那里，人的行动实际上是由理性行为发展到意志行为的结果，而在阿奎那那里，人的行动在由理性行为发展到意志行为之后，还要继续发展到又一个理性行为（命令权）那里，才能最终完成。苏瓦雷茨将运动理解为某种驱动性力量的结果，阿奎那则将行动视为人对某种善的吸引力的反应。“所以，对阿奎那而言，现实的身体或其他方面的运用这种在任何故意的行动中的最后的要素，是对下列因素的积极反应：（1）目的之善、（2）手段的适应性，（1）和（2）都被一个人已经确定下来的行为模式的表现物简略地置于他的注意力之前”①。而这种表现物，就是指命令权；这种命令权之所以属于理性而不属于意志，既是因为它是目的与手段之间一系列关系的表现物，又是因为它能将理智的秩序引入到身体与心理等方面的运用之中。对于阿奎那意义上的命令权，苏瓦雷茨认为既不必要也不可能，因而他也否定了将统治者关于其臣民的义务的决定放置在一个目的与手段的框架中来解释义务的必要，而是直接援引统治者的意志来解释义务。

当然，苏瓦雷茨也使用了“统治权”这一概念，但是赋予了它截然不同的意义。在苏瓦雷茨那里，统治权被认为是立法者施加义务这一决定的一种表达，最重要的因素是决定这一意志行为本身。菲尼斯承认，如果立法者拒绝使某种行为模式具有义务性，那这种行为模式的确不具有义务

---

① John Finnis, *Natural Law And Natural Rights*, Clarendon Press, 1980, p. 339.

性，这是一个无需否认的命题。但是，这并不意味着义务的真正来源就是立法者的决定——“苏瓦雷茨的错误就在于从这个命题推导出下列观点：使行为真正具有义务性的恰恰是，也仅仅是该行为应该具有义务性这一立法者的决定”[①]。对阿奎那而言，最重要的是下面这一点：“被表达的命令权和被宣布的‘立法者意图’对臣民而言象征着一种可理解的、确定的行为模式，这种行为模式一经被立法者选中为具有义务性的，就在一个理性的臣民的眼中真正是有义务性的，这是因为统治者的命令权可以（由于共同善之故）被臣民合理地视之为就像他自己的命令权一般。”[②] 至此，阿奎那有关义务的真正来源的观点终于得到了澄清，那就是义务来源于属于理性范畴的命令权。

第四节　义务在菲尼斯自然法理论中的地位

上文阐述了纯法律意义的法律义务与道德意义的法律义务这两种义务，也阐述了义务的来源问题；但是，这些顶多能说明菲尼斯的义务观，至于要理解这种义务观在他的自然法理论中的地位，仅凭上述内容还远远不能实现。然而，菲尼斯又的确是通过义务问题来为其理论画上句号的；那么，这种结束又是如何完成的呢？这就必然涉及与他的上述义务观紧密相连，但又截然不同的一个问题——遵守法律的义务（the obligation to obey the law）。

一、遵守法律的义务

事实上，在论述法律义务效力的不变性与道德反思的关系时，菲尼斯已经对遵守法律的道德义务（the moral obligation to obey the law）有所涉及。[③] 他指出：“每一部施加义务的法律在法律上的相同义务要与遵守每

---

① John Finnis, *Natural Law And Natural Rights*, Clarendon Press, 1980, p. 341.

② John Finnis, *Natural Law And Natural Rights*, Clarendon Press, 1980, p. 341.

③ 参见 John Finnis, *Natural Law And Natural Rights*, Clarendon Press, 1980, p. 318。

部法律的道德义务清晰地区别开来。”[①] 他在这里提到的是“遵守每部法律的道德义务”（the moral obligation to obey each law），并指出这种义务在效力上是可变的。[②] 那么，这种效力可变的道德义务对遵守法律而言是否会构成一种威胁呢？他认为，遵守法律义务的道德义务（the moral obligation to conform to legal obligation）相对较重，法律为我们提供了作为或不作为的具有强烈排他性的道德理由。[③]

在这一段短短的分析中，一下出现了遵守法律的道德义务、遵守每部法律的道德义务、遵守法律义务的道德义务这几个概念，而且我还将它们放在“遵守法律的义务”这一主题下来处理，这四个概念到底是什么意思呢？它们之间又是什么关系呢？

对上述问题的思考，须从菲尼斯对“遵守法律的义务”这一术语的理解开始。他是在思考“非正义怎样影响了遵守法律的义务”这一问题时论及这一术语的，他认为，这一术语可以指涉以下四种含义：“（1）在不遵守的情况下遭受制裁的经验上的责任；（2）体系内意义上的法律义务（即法律意义的法律义务），在这种义务中，遵守法律具有社会意义上的必要性这一实践前提是一个与实践推理的其他部分相隔离的框架性原则；（3）道德意义的法律义务（即由体系内意义或法律意义的法律义务使之成为必要的道德义务）；（4）不是由义务性规定的合法律性，而是由某些‘附属的’渊源推导而来的道德义务。”[④] 在这四种解释中，“没有一种解释是荒谬的，一种合理的法理学将说明那些对上述每一种解释的答案在什么程度上是不同的、在什么程度上又是相互关联的”[⑤]。

具体到“非正义怎样影响了遵守法律的义务”这一问题，如果在不同的含义上理解遵守法律的义务，将会产生不同的结果。对于第一种含义上的遵守法律的义务，很明显不是提出“非正义怎样影响了遵守法律的义务”这一问题的人所要表达的意思。对于第二种含义上的遵守法律的义务，菲尼斯分析后认为，这种理解在实践中是没有意义的。对于第三种含义上的遵守法律的义务，他写道：“人们有权不信任以前述任何方式表

---

① John Finnis, *Natural Law And Natural Rights*, Clarendon Press, 1980, p. 318.

② 参见 John Finnis, *Natural Law And Natural Rights*, Clarendon Press, 1980, p. 318。

③ 参见 John Finnis, *Natural Law And Natural Rights*, Clarendon Press, 1980, p. 319。

④ John Finnis, *Natural Law And Natural Rights*, Clarendon Press, 1980, p. 354.

⑤ John Finnis, *Natural Law And Natural Rights*, Clarendon Press, 1980, p. 354.

现出‘不公正’的法律。”[①] 也就是说，在第三种含义上，面对不公正的法律，人们没有遵守法律的义务。

值得注意的是，如果在第四种含义上理解“遵守法律的义务”，那么人们还有没有遵守不公正的法律的义务呢？菲尼斯指出：“如果我不遵守或者漠视这部‘法律’的行为被其他公民看见了，其他法律的有效性、公民对某一一般而言值得期待的统治者或政制的权威的一般尊重的有效性就会受到削弱，而这可能导致对共同善的恶劣结果。”[②] 如果在一个总体良好的法律体系中存在一部恶法，尽管公民从上述第三种含义上没有遵守这部恶法的义务，但是，由于这部恶法是整个法律体系的一部分，所以公民不服从这部恶法的行为就可能导致对整个法律体系的不服从；因此，为了防止整个法律体系濒于崩溃，公民就必须服从这部恶法。这就是第四种含义上的遵守法律的义务——它是一种道德义务，“但是，它不应当被视为是我所谓的‘道德意义的法律义务’的一个例证。因为它不是建基于遵守法律这种善之上，而只是建基于勿使法律体系的正义部分归于无效这一可期待性之上”[③]。正是在由于要服从整个法律体系而服从包括其中的恶法在内的所有法律的意义上，存在第四种含义上的遵守法律的义务。由于这种义务建基于对整个法律体系的尊重之上，所以也有学者将这种义务称之为遵守法律的一般义务（a general obligation to obey the law）。[④]

至此，让我对本部分开始提到的四个概念及其相互之间的关系作一小结：第一，由于遵守法律的义务也是一种道德义务，并具有最低的一般性即在最低的层面上遵守法律，所以遵守法律的义务就是遵守法律的道德义务；至于遵守法律义务的道德义务，则是遵守法律的道德义务的另一种表述；第二，由于遵守法律的义务不是道德意义的法律义务，所以，遵守法律的道德义务、遵守法律义务的道德义务也不是道德意义的法律义务。进一步地，由于上述各种义务都不是道德意义的法律义务，所以它们都不存在于关于守法主体的实践推理的三段论之中。对于上述两点，可以用下面

---

① ［英］约翰·菲尼斯：《自然法与自然权利》，董娇娇、杨奕、梁晓晖译，中国政法大学出版社 2005 年版，第 285 页。

② John Finnis, *Natural Law And Natural Rights*, Clarendon Press, 1980, p. 361.

③ John Finnis, *Natural Law And Natural Rights*, Clarendon Press, 1980, p. 361.

④ 参见 Leora Batnitzky, ‘A Seamless Web – John Finnis and Joseph Raz on Practical Reason and the Obligation to Obey the Law’, 15. *Oxford Journal of Legal Studies*, 1995, p. 154。

这个公式来说明：

遵守法律的义务（遵守法律的一般义务）＝遵守法律的道德义务＝遵守法律义务的道德义务

第三，不同于上述公式中的所有义务，遵守每部法律的道德义务存在于关于守法主体的实践推理的三段论之中，而且作为道德意义的法律义务对纯法律意义的法律义务发挥着前提性的作用，这种义务具有效力上的可变性。但是，这种可变性并不会对遵守法律构成威胁，因为这种义务建立在遵守法律的义务这一最根本的基础之上。进一步地，这就涉及守法主体的实践推理与遵守法律的义务的关系。本章第一节已经指出，守法主体的实践推理是要解决针对具体的法律义务 Ø 我们应否遵守的问题，并由此产生了法律义务的不变性问题；但是，这并不涉及到对法律体系的整体尊重的问题，或者说，只有先实现了对法律体系的整体尊重，才谈得上守法主体的实践推理。而对法律体系的整体尊重，才是遵守法律的义务所要解决的问题。

二、关于遵守法律的义务的争论

遵守法律的义务是一种道德义务，而非法律义务，它旨在解决对法律体系的整体尊重这一问题。有趣的是，尽管菲尼斯在《自然法与自然权利》中只用了两页不到的篇幅来直接论证这一问题，但是它却成为了他的自然法理论的一个核心问题，并在日后引起了广泛讨论；更重要的是，正是他在这个问题上的看法，标志着自然法与法实证主义的基本区别。[①]

就在《自然法与自然权利》出版的前一年，拉兹出版了《法律的权威》一书，在这本书的《遵守法律的义务》一文中，[②] 拉兹否认存在遵守

① 遗憾的是，在《自然法与自然权利》中，菲尼斯似乎并未明确指出遵守法律的义务在他的自然法理论之中的重要地位，尽管他在序言中也曾涉及论述“遵守法律的义务”的“恶法”一章对读者而言所具有的作用这一问题。John Finnis, *Natural Law And Natural Rights*, Clarendon Press, 1980. p. v.

② 参见 Joseph Raz, *The Authority of Law*, Clarendon Press, 1979. pp. 233 – 249。另：中译本将此文标题译为《服从法律的义务》（［英］约瑟夫·拉兹：《法律的权威》，朱峰译，法律出版社 2005 年版，第 203—217 页），这里译为《遵守法律的义务》，我认为“服从”与“遵守”同义，两种译法皆可；事实上，中译者在翻译中也没有区分这两种译法。本书除引用中译本原文外，一律译为“遵守”。

法律的义务，他认为义务只与道德责任有关而与法律责任无关。[①] 针对拉兹这一立场，菲尼斯又于1984年撰文《当代社会理论困境中的法律权威性》予以反驳，[②] 并进一步导致拉兹在《遵守的义务：重温与传统》一文中的反批评，[③] 从而形成了激烈的交锋。数年之后，普林斯顿大学教授Leora Batnitzky专门撰文《一道无缝隙的网？约翰·菲尼斯与约瑟夫·拉兹论实践理性与遵守法律的义务》，对这场论战进行了全面、详尽的分析。[④]

（一）拉兹的主张——不存在遵守法律的义务

拉兹在《遵守法律的义务》一文中开宗明义地主张："不存在遵守法律的义务。一般认为，不存在服从法律的绝对性或终极性义务。我认为甚至服从法律的表面义务也不存在……即使在法律体系为正义的良好社会中，也不存在服从法律的任何义务。"[⑤] 他认为要证明这一主张采取一般性论证的方法是不行的，而只有采取较为间接的论证方法——他的文章分为四节，第一节讨论了"人们拥有遵守法律的义务"这种主张的实质，第二节和第三节检讨了这一义务存在的两种情况，第四节才得出了自己的论点，即良法也不会产生遵守义务。

拉兹在前三节中采取了退一步的论证策略——他认为即使存在遵守法律的义务，这种义务也来自于道德和审慎的考量因素，而不来自于法律。正是基于这种道德与法律的两分，拉兹才认为："遵守法律的义务要求存

---

① 参见Leora Batnitzky，'A Seamless Web - John Finnis and Joseph Raz on Practical Reason and the Obligation to Obey the Law'，15. *Oxford Journal of Legal Studies*，1995，p. 154。

② 参见John Finnis，'The Authority of Law in the Predicament of Contemporary Social Theory'，(1984) 1 *Notre Dame Journal of Law*，*Ethics & Public Policy*，pp. 115 - 137。另：尽管《自然法与自然权利》出版在《法律的权威》之后，但是各种迹象表明，菲尼斯在写作《自然法与自然权利》时并未阅读到、甚至几乎不可能阅读到《法律的权威》（一个也许有说服力的佐证是菲尼斯为《自然法与自然权利》写序的时间是1979年3月，John Finnis，*Natural Law And Natural Rights*，Clarendon Press，1980. p. Ⅶ.），这也许就是他在四年之后专门撰文批评拉兹的一个原因。同时，由于本书第四章第三节已经处理了菲尼斯这篇文章的第二部分和第三部分，所以，这里只处理其第一部分。

③ 参见Joseph Raz，'The Obligation to Obey：Revision and Tradition'，1 *Notre Dame Journal of Law*，*Ethics & Public Policy*，1984，pp. 139 - 155。

④ Leora Batnitzky，'A Seamless Web - John Finnis and Joseph Raz on Practical Reason and the Obligation to Obey the Law'，15. *Oxford Journal of Legal Studies*，1995，pp. 153 - 175。

⑤ ［英］约瑟夫·拉兹：《法律的权威》，朱峰译，法律出版社2005年版，第203页。

在从事法律所要求的行为所需要的理由。但是，反之则不然。”① 也就是说，法律所要求的行为所得以证成的理由是外在于法律的理由，而不是内在于法律的理由。但是，根据 Batnitzky 的理解，拉兹这段话的真实意思毋宁是这样的：“如果某一法律是善的，那么它之所以应当被遵守，乃是因为它是善的，而不是因为它是法律。因此，义务就是指去从事那些善的行为，而不是那些合法的行为：不存在任何遵守法律的特别义务。”② 或者说：“遵守法律的义务对从事道德所要求的任何行为这种道德义务而言，充其量也是多余的。”③

尽管拉兹否定了遵守法律这种道德义务的存在，但是他依旧承认道德与法律之间具有某种联系——他认为在实现某些社会目标时，每个人都具有合作的道德理由；而法律对实现上述目标来说是工具性的。④ 但是，拉兹警告道：“影响这些情况的道德理由完全来源于社会合作实践的事实存在，根本不是来源于法律在其创建或维护方面具有工具性。”⑤ 他在这里举了一个污染河流的例子：“如果大多数人不去污染河流，它们是洁净的，并且每个人都拥有道德理由帮助保持河流的清洁。但是，如果许多人污染它们以致造成严重污染，那么通常不存在‘我自己应当不污染它们’的理由。”⑥ “另一方面，假设法律要求保持河流的清洁，但是没有人服从，并且河流成了公共排污场所，那么在这种情况下，我们所考虑的不往河流里扔废物的道德理由是不存在的，尽管法律要求不应当这样做。”⑦ 很明显，拉兹在这里坚持了道德与法律的二分；这种二分不仅是一种形式上的二分，而且是一种实质上的二分——道德与法律不具有必然联系。

（二）菲尼斯的回应——法律的无缝隙性

拉兹既承认法律对人们具有道德理由合作的社会目标的工具性作用，

① Joseph Raz, *The Authority of Law*, Clarendon Press, 1979, p. 233.

② Leora Batnitzky, ‘A Seamless Web – John Finnis and Joseph Raz on Practical Reason and the Obligation to Obey the Law’, 15. *Oxford Journal of Legal Studies*, 1995, p. 155.

③ Leora Batnitzky, ‘A Seamless Web – John Finnis and Joseph Raz on Practical Reason and the Obligation to Obey the Law’, 15. *Oxford Journal of Legal Studies*, 1995, p. 154.

④ 参见 John Finnis, ‘The Authority of Law in the Predicament of Contemporary Social Theory’, 1 *Notre Dame Journal of Law, Ethics & Public Policy*, 1984, p. 117。

⑤ ［英］约瑟夫·拉兹：《法律的权威》，朱峰译，法律出版社 2005 年版，第 216 页。

⑥ ［英］约瑟夫·拉兹：《法律的权威》，朱峰译，法律出版社 2005 年版，第 215 页。

⑦ ［英］约瑟夫·拉兹：《法律的权威》，朱峰译，法律出版社 2005 年版，第 216 页。

同时又坚持上述理由并不源于法律。这一立场遭到了菲尼斯的强烈批评，后者指出："在实现某种具有道德义务性的目的时所具有工具性的因素其本身必然具有道德义务性，除非存在其他同样有效或者更加有效的方法。"① 他依然以污染河流为例，认为维持河流清洁并不是唯一的一种善，促进河流两旁的经济发展、节约反污染政策的高经济成本等同样也是善，人们完全可能因为要追求这些善而污染河流。"人类善是很复杂的，关于人类善的观念则更加复杂"②。复杂的人类善和更加复杂的关于人类善的观念将使得人们的行为充满了多种选择的可能性，仅仅依靠某种社会实践，完全不能为人们特定的行为（如不得污染河流）提供充足的道德理由。

但是，如果通过了一项禁止污染河流的法律，那么人们的实践推理就发生了改变。改变后的实践推理会是这样的："我应当遵守这部法律，即使它既不符合国家利益，也不符合我自己的利益。我之所以应当遵守它，是因为我能从'法律'中、从我所生活的法律体系之中获益良多……为了从法律中获得这些利益，我应当接受它施加在我之上的负担。即使我可能从我秘密的不守法行为中'获益'更多，我也想成为一个公正而诚实的公民，正如我希望他人公正而诚实地对待我一样……"③

尽管实践推理发生了上述改变，但依然存在这样一个问题："为什么是法律，而不是宣传性运动和自发性社会实践，从这些对公平的考虑中获益?"④ 菲尼斯指出，对这一问题的回答需要指出主体从他人的守法行为中获得的利益的广泛性，他为此区分了"这部具体的法律"（this particular law）和"法律"（the law）——尽管"这部具体的法律"给主体施加了某种负担，但作为总体的"法律"也向他人施加了若干负担，

① John Finnis, 'The Authority of Law in the Predicament of Contemporary Social Theory', 1 *Notre Dame Journal of Law, Ethics & Public Policy*, 1984, p. 117.

② John Finnis, 'The Authority of Law in the Predicament of Contemporary Social Theory', 1 *Notre Dame Journal of Law, Ethics & Public Policy*, 1984, p. 118.

③ John Finnis, 'The Authority of Law in the Predicament of Contemporary Social Theory', 1 *Notre Dame Journal of Law, Ethics & Public Policy*, 1984, p. 119.

④ John Finnis, 'The Authority of Law in the Predicament of Contemporary Social Theory', 1 *Notre Dame Journal of Law, Ethics & Public Policy*, 1984, p. 119.

从而有利于保护主体的利益。[①] 菲尼斯认为："法律本身体现为一道无缝隙的网，不允许它的臣民挑拣和选择法律规定。"[②]"无缝隙的网"这一隐喻旨在表明在所有不同的时刻和情形中，都存在一个行动的共同理由——法律，这个理由具有强制性。法律的这种无缝隙性构成了法律的第一个意义。

需要强调的是，在我看来，菲尼斯在这里指出的法律的无缝隙性是他对其在《自然法与自然权利》中所论证的存在遵守法律的义务这一主张的一个重要发展——由于在论证存在遵守法律的义务时要将法律视为一个不可分割的体系，所以这个体系才必然是无缝隙的！由此可见，在这本书中的一个看似单薄的主张，却蕴含着丰富的问题意识，在日后得到了充分发掘。法律的无缝隙性这一意义恰如 Batnitzky 所评价的那样——"正是法律将人们约束到了一起，否则他们依然对彼此漠不关心。这道网是如此的复杂和包罗万象，以至于它将人类社会的过去、现在和未来联系了起来。之所以存在遵守法律的义务，乃是因为作为社会的协调器，法律具有一般的而不是特别的权威"[③]。

菲尼斯认为，法律的第二个意义在于促使人们承认自身与他人都受到了同一个共同体的共同善的强制性要求这一点，它与法律的无缝隙性这两点意义都可以用来否定拉兹的下列主张——"保持河流清洁的实践是否受到法律的强制，这一点与人的道德推理根本没有关系"[④]。进一步地，由于遵守法律的义务是道德义务，因而法律与道德具有必然联系。

（三）拉兹的反批评——人们有退出政治共同体的权利

针对菲尼斯的上述批评意见，拉兹在《遵守的义务：重温与传统》一文中展开了反批评。拉兹认为，政府从它们的调控性角色中获得政治权威，在这种角色中，政府强迫公民去做他们应当做的事。对于上述表述，

---

① John Finnis, 'The Authority of Law in the Predicament of Contemporary Social Theory', 1 *Notre Dame Journal of Law, Ethics & Public Policy*, 1984, pp. 119 – 120.

② John Finnis, 'The Authority of Law in the Predicament of Contemporary Social Theory', 1 *Notre Dame Journal of Law, Ethics & Public Policy*, 1984, p. 120.

③ Leora Batnitzky, 'A Seamless Web – John Finnis and Joseph Raz on Practical Reason and the Obligation to Obey the Law', 15. *Oxford Journal of Legal Studies*, 1995, p. 156.

④ Joseph Raz, *The Authority of Law*, Clarendon Press, 1979, p. 249.

Batnitzky 指出："这种表述并不意味着没有人有义务遵守一国的法律，但是那种义务没有在每一刻扩展到每一个人那里。"① 但是，Batnitzky 这句话中的"那种义务"并不是遵守法律的义务，因为"那种义务没有在每一刻扩展到每一个人那里"。

拉兹认为，菲尼斯正确地指出了法律协调人们的行动的作用，但这并不意味着需要存在遵守法律的义务。拉兹承认，法律、道德与社会创制了一个社会关系的网络，但他并不认为这个网络是无缝隙的和无所不包的。对他来说，由于道德的原因，这个网络的确而且必然是存在缝隙和漏洞的。这个网络的漏洞维护了下面这些人的利益，他们认为他们不具有隶属于政府和法律所创制的共同体的义务。② 如果连所隶属的法律共同体都可以脱离，那么还谈什么遵守法律的义务呢？

当然，拉兹也注意到了下列事实，即政府和法律的职责在于宣称创制了一个所有人都隶属的共同体。但是，他同时指出，隶属于一个共同体意味着一个人必须同意这么做，是同意产生了义务。③ 需要注意的是，在拉兹那里，并不是隶属于任何共同体都是一个同意的问题，只有在一个现代多元社会中，才会涉及某种同意，这是因为存在各种各样的选择以供隶属于特定的共同体；也就是说，在隶属于特定的共同体上会涉及同意的问题，但是隶属于某些人类共同体并不是一个同意的问题。④ 那么，政治（法律）共同体到底是不是需要涉及人们同意的共同体呢？这是与遵守法律的义务紧密相关的问题。拉兹认为，政治共同体是需要涉及人们的同意的共同体，人们可以同意隶属于政治共同体，也可以在必要的时候撤回这种同意，退出政治共同体。当然，这种退出并不是无条件的。如果这种退出源自于人们不负责任的或不道德的行动和视角，那么国家就会惩罚他们，这样一种退出行为是无效的；相反，如果这种退出是符合善的或符合道德的，那么，"某些人主张他们没有隶属于法律共同体的义务这一事实

① Leora Batnitzky, 'A Seamless Web – John Finnis and Joseph Raz on Practical Reason and the Obligation to Obey the Law', 15. *Oxford Journal of Legal Studies*, 1995, p. 157.

② 参见 Leora Batnitzky, 'A Seamless Web – John Finnis and Joseph Raz on Practical Reason and the Obligation to Obey the Law', 15. *Oxford Journal of Legal Studies*, 1995, p. 158。

③ 参见 Leora Batnitzky, 'A Seamless Web – John Finnis and Joseph Raz on Practical Reason and the Obligation to Obey the Law', 15. *Oxford Journal of Legal Studies*, 1995, p. 158。

④ 参见 Leora Batnitzky, 'A Seamless Web – John Finnis and Joseph Raz on Practical Reason and the Obligation to Obey the Law', 15. *Oxford Journal of Legal Studies*, 1995, pp. 158 – 159。

就应当作为一个改变法律的动机，这是出于遵守某种更高的道德标准的缘故”[①]。由此可见，在后面一种情况下，拉兹承认了人们具有退出政治共同体的权利，而且这种退出的理由是基于更高的道德标准；与此同时，这种更高的道德标准也表明，由于道德的缘故，在由法律、道德与社会编织起来的社会关系网络中，是存在着缝隙和漏洞的。相应地，既然人们具有退出政治共同体的权利，当然就没有遵守法律的义务。

（四）Batnitzky 的相关讨论

针对拉兹对菲尼斯的反批评，Batnitzky 简要地讨论了他们二人的相关观点，并作出了初步结论。菲尼斯认为法律是一道无缝隙的网，存在遵守法律的义务；拉兹认为由法律、道德与社会编织起来的社会关系网络具有缝隙和漏洞，不存在遵守法律的义务。

在 Batnitzky 看来，对拉兹而言，菲尼斯的观点最终将是一种自明之理，因而是多余的——“从拉兹的视角看来，主张存在一项作为道德义务的遵守法律的义务是多余的，因为道德性就包含着道德性”[②]。而对菲尼斯而言，拉兹在承认法律与道德在协调社会行为的过程中具有亲密联系的同时，就已经偏离了法实证主义。从菲尼斯的立场来看，拉兹的观点建基于一种虚假的二分法之上，因此也仅仅是语义的，并最终是微不足道的。

所以，Batnitzky 指出，在菲尼斯与拉兹之间，存在一种僵持局面，但这种局面仅仅源于不可调和的语义差异。与此同时，我们必须承认，由于拉兹不能成功地切割法律与道德之间的联系，菲尼斯取得了胜利。具体地说，为了进一步理解菲尼斯与拉兹的分歧，必须转向他们各自关于道德与法律之联系的观点，从而回归到自然法与法实证主义之争的基本问题之上。

1. 实践理性与个人幸福

Batnitzky 认为，菲尼斯与拉兹关于自然法与法实证主义的看法，都建基于对实践理性的解释之上。因此，要比较他们二者的区别，首先需要研究他们的实践理性观。鉴于本书对菲尼斯的实践理性观（即“实践合理

---

① Leora Batnitzky, ‘A Seamless Web – John Finnis and Joseph Raz on Practical Reason and the Obligation to Obey the Law’, 15. *Oxford Journal of Legal Studies*, 1995, p. 159.

② Leora Batnitzky, ‘A Seamless Web – John Finnis and Joseph Raz on Practical Reason and the Obligation to Obey the Law’, 15. *Oxford Journal of Legal Studies*, 1995, p. 160.

性”这一基本价值）已有充分论述，这里只介绍拉兹的实践理性观，并将其与菲尼斯的实践理性观进行比较。

Batnitzky 指出，在《自由的道德》之中，拉兹旨在“发展一种较不脆弱的对实践理性的理解”①。拉兹反对功利主义者和结果主义者的观点，他认为将一个人对自己及人生的看法与其决定相分离是不可能的。Batnitzky 认为，由于拉兹的这种观点表明了“实践推理是如何以那些就其本身而言被评价为有价值的目标为目的的，这种观点就导致了一种对诚实正直的强调，这种诚实正直不仅排除了结果主义，而且与此同时提供了一种对实践理性的比较充分的解释”②。当拉兹这样阐述有关实践理性的观念时，与菲尼斯似乎颇为相似。他们都采用了一种非常相似的实践理性观念，并试图说明一种对实践推理的恰当理解将导致一种对道德性的恰当理解。

那么，基于上述相似性，拉兹与菲尼斯之间是否就因此而不存在决定性的差别呢？Batnitzky 对此给出了否定的回答。他认为，在菲尼斯与拉兹对实践理性的理解之间，存在着决定性的差异。他指出：“对菲尼斯而言，七种基本的人类善是实践理性第一原则的指示对象。对拉兹而言，实践理性与任何特定的善不相关联……无论基本的人类善多么包罗万象，要让菲尼斯在不谈论具体而确定的善的条件下谈论实践理性是不可能的。而对拉兹而言，在排除任何具体或确定的善的条件下谈论实践理性不仅是可能的，而且是必要的。也许令人惊奇的是，正如我们即将看到的那样，这种在菲尼斯与拉兹之间的对比凸显了拉兹对社会形式的更强的关注。对拉兹而言，社会形式使道德性成为可能，如果没有特定的社会形式，特定的善是不可能的——包括菲尼斯的基本的人类善。对拉兹来说，任何对于善的观念都必然植根于社会形式之中。”③ 进一步地，拉兹有关个人幸福的观念深深地建基于某种社会环境之中——一个人的幸福依赖于他对某种价值的追求，而这种追求必然也只能发生在某种社会环境之中。正是由于价

① Leora Batnitzky, ‘A Seamless Web – John Finnis and Joseph Raz on Practical Reason and the Obligation to Obey the Law’, 15. *Oxford Journal of Legal Studies*, 1995, p. 166.

② Leora Batnitzky, ‘A Seamless Web – John Finnis and Joseph Raz on Practical Reason and the Obligation to Obey the Law’, 15. *Oxford Journal of Legal Studies*, 1995, p. 166.

③ Leora Batnitzky, ‘A Seamless Web – John Finnis and Joseph Raz on Practical Reason and the Obligation to Obey the Law’, 15. *Oxford Journal of Legal Studies*, 1995, p. 167.

值与社会形式的联系如此亲密，个人幸福与自我利益的两分法必然崩溃。对拉兹而言，“包括菲尼斯的七种基本的人类善在内，没有任何事物可以在脱离社会的情况下构成一种实质性的善……实质性的善如果要想存在，它们在实践中必须依赖于、同时也需要适当而特定的社会形式……实践理性必然植根于现存的诸社会形式之中，并与它们发生持续的关联……实践理性不能把握那些尚未被现存诸社会形式所建构或多多少少所隐含的价值”[①]。Batnitzky 认为，拉兹因此树立起了一种超越个人幸福与自我利益之两分法的道德观念，道德主体具有自我利益的目标并与他人的目标存在着亲密的关联，进而与社会的目标存在着亲密的关联。

正是在区分自我利益与个人幸福这一问题上，再一次地，在拉兹与菲尼斯之间，出现了惊人的相似性。但 Batnitzky 及时指出，在这种相似性的表象背后，是拉兹与菲尼斯关于权威与义务问题截然不同的立场。这一点在菲尼斯论述守法主体的实践推理流程时已经表达得非常清楚。菲尼斯指出，诚然，“法律因此期望并试图利用，事实上是吸收和接受‘好公民’的实践推理图式”，但是，我们却不能“赋予其一种不容置疑或教条式的地位”。[②] 在菲尼斯那里，这正是自然法与法实证主义的基本对立。

2. 再议遵守法律的义务

在讨论了菲尼斯与拉兹有关实践理性的解释之后，Batnitzky 回到了讨论他们二人围绕是否存在遵守法律的义务所展开的争论之上。他指出，对菲尼斯而言，未遵守实践合理性的基本要求的人是非理性的人，而对拉兹而言，如果一个人认为金钱在他那里比朋友更重要，这个人并没有犯下什么错误——在菲尼斯的意义上，这违反了与友谊这一基本善有关的实践合理性的基本要求。总之，“菲尼斯强调合理性，拉兹则强调能力。对菲尼斯而言，社会使得那些实践理性已经知道的事物现实化了。对拉兹而言，社会使人们能够认识的事物和从事的行为成为可能。对菲尼斯而言，社会的任务是要实现实践理性能够理解并说明的具体而预定的善。对拉兹而言，社会创造了具体的善，实践理性则阐明并调整了创造这些善的现存诸

---

① Leora Batnitzky, ‘A Seamless Web – John Finnis and Joseph Raz on Practical Reason and the Obligation to Obey the Law’, 15. *Oxford Journal of Legal Studies*, 1995, p. 169.

② 参见 John Finnis, *Natural Law And Natural Rights*, Clarendon Press, 1980, p. 318。

社会形式”[①]。

Batnitzky 认为，菲尼斯和拉兹关于实践理性的不同观点影响到了他们在遵守法律的义务这一问题上的立场。他指出，拉兹未必一定反对菲尼斯的七种基本善，但是，对拉兹而言，“通过预先确定基本善，社会的‘偏离的范围’（the range of deviations）是被限定了的。这就是遵守法律的义务不是一项一般性义务的原因。法律所创制的网络不是无缝隙的。对拉兹而言，就像对菲尼斯那样，只有在社会可能性的偏离的范围被预先限定的情况下，这道网才是无缝隙的。由于可能性不是被预先限定的，因此还存在一种接连不断的需要，以在最宽泛的意义上评估法律之善”[②]。

为了支持上述立场，拉兹必然将权威与义务区分开来。Batnitzky 指出：“这种区分导致了一种相当复杂的结果，即这样一种主张——某些权威不仅必须主张权威，而且必须以某种不能要求普通公民同意的方式来同意法律。权威与义务的分离要求权威者为了相信法律是权威者的工作这一点而相信法律的权威。”[③] 在他看来，拉兹这种将权威与义务分离开来的观念非常奇怪，因为非常明显的是，在不存在遵守法律的义务的情况下，腐败的法官可以既不服从法律的权威，又不服从道德。他进而指出：“如果我们发现这种结果是不可接受的，那么我们就不得不承认拉兹将权威与义务分离开来的做法是不能成立的。进一步地，考虑到拉兹的框架的其他部分，我们必然作出结论，即存在遵守法律的一般义务。”[④]

经过上述分析，Batnitzky 认为，总之，在遵守法律的义务这一问题上，菲尼斯和拉兹都会承认，尽管规则存在例外，但是作为协调行动的行为方式，法律要求遵守法律的义务的存在。但是，他们在法律所编织的网络是否有缝隙这一问题上依旧存在分歧。菲尼斯认为这道网没有缝隙，而拉兹则认为这道网的缝隙广泛存在。Batnitzky 认为，对于他们这种分歧的研究，将最终归结到自然法与法实证主义的基本立场之上。

---

① Leora Batnitzky, ‘A Seamless Web – John Finnis and Joseph Raz on Practical Reason and the Obligation to Obey the Law’, 15. *Oxford Journal of Legal Studies*, 1995, p. 171.

② Leora Batnitzky, ‘A Seamless Web – John Finnis and Joseph Raz on Practical Reason and the Obligation to Obey the Law’, 15. *Oxford Journal of Legal Studies*, 1995, p. 172.

③ Leora Batnitzky, ‘A Seamless Web – John Finnis and Joseph Raz on Practical Reason and the Obligation to Obey the Law’, 15. *Oxford Journal of Legal Studies*, 1995, pp. 172 – 173.

④ Leora Batnitzky, ‘A Seamless Web – John Finnis and Joseph Raz on Practical Reason and the Obligation to Obey the Law’, 15. *Oxford Journal of Legal Studies*, 1995, p. 173.

3. 自然法还是法实证主义?

由于菲尼斯的自然法理论建立在其关于基本善的理论之上，但他又强调自己对分析法学的现代传统的追随，所以，Batnitzky 认为，要评估菲尼斯的自然法理论，首要的是要考察菲尼斯关于基本善的理论是否与当代法律理论的框架相容这一点。

Batnitzky 指出，当代法律理论存在于一种宗教和道德多元主义的环境之中——“如果我们将这种多元主义视为是持续性的和促进性的，那么能被一种以德性和完善之名的法律理论所支持的事物就必定受到限制。正是在这里，相对于菲尼斯，拉兹对实践理性的解释为当代法律思想提供了更多的东西”①。拉兹的实践理性观不以预定的善为前提，因而更加适合于当代法律理论。但是，它却付出了方法论上的代价，即不承认存在遵守法律的义务，进一步地，法律所创制的网络并不是无缝隙的。

综上所述，Batnitzky 最终得出结论，对菲尼斯来说，如果否定了其关于基本善的理论，他将不得不回答没有了基本善的自然法是否还是他所赞成的自然法这一问题；同时，对拉兹来说，鉴于其以道德为基础和定向的哲学，他也将重新考虑他的实证主义者这一标签。②

本章研究了菲尼斯自然法理论的义务理论，这从两个层面展开。第一个层面是有关守法主体的实践推理层面，旨在对法律义务的不变性作出解释，并将法律义务区分为纯法律意义的法律义务与道德意义的法律义务，并由此在与具体的法律义务有关的实践推理层面上澄清道德与法律的必然联系。第二个层面是遵守法律的义务这一更为根本的层面，它构成了第一个层面的基础。菲尼斯在与拉兹论战的过程中，将遵守法律的义务与法律的无缝隙性联系起来，从而澄清了道德与法律的必然联系。在从上述两个层面捍卫自然法的基本立场的同时，菲尼斯也论证了义务源于命令权这一古典自然法传统的命题。

---

① Leora Batnitzky, ‘A Seamless Web – John Finnis and Joseph Raz on Practical Reason and the Obligation to Obey the Law’, 15. *Oxford Journal of Legal Studies*, 1995, p. 174.

② 参见 Leora Batnitzky, ‘A Seamless Web – John Finnis and Joseph Raz on Practical Reason and the Obligation to Obey the Law’, 15. *Oxford Journal of Legal Studies*, 1995, p. 175。

结　论

作为新古典理论的代表人物，菲尼斯以其博大精深的自然法理论在当代英美法理学界、尤其是自然法理论界占据着独特而重要的地位。这种地位的获得，源于他卓越的理论贡献。具体而言，这种贡献表现为以下几个方面：

第一，菲尼斯捍卫并发展了以亚里士多德和阿奎那为代表的古典自然法传统，并与格里茨、博伊尔等人共同创建了新古典理论。菲尼斯进一步澄清了古典自然法传统坚持“是”与“应当”无法相互推导这一基本立场，从根本上反击了对古典自然法传统的批评。在为上述基本立场辩护的过程中，通过详细讨论游叙弗伦测验，菲尼斯采取了一种价值客观主义的立场，这种立场构成了他的伦理学理论的核心。

第二，以价值客观主义为出发点，菲尼斯构筑了他关于基本价值的理论体系。对基本价值的理解，构成了基本实践原则。这种理解发生在每一个实践理解行为之中，人们可以通过实践理解行为把握基本价值和所有实践推理的基本原则。进一步地，从基本价值的客观性，可以论证出实践判断的真理性。因此，菲尼斯就在坚持“是”与“应当”无法相互推导这一命题的前提下，从“应当”的层面解释了实践判断的真理性。为了保证具有客观性的价值判断能在特定的主体那里转化为适合于该主体的、正确的实践判断，必须遵守实践合理性的十项基本要求。这些要求构成了道德性的内容，并集中体现为共同善的要求。

第三，共同善以共同体的存在为前提，它是指一系列能使共同体成员为自身实现合理的目标或者为自身合理地实现价值所需要的条件，它要求在人与人之间分配正义与交换正义的实现，最根本的是要求权威的出现。进一步地，只有法律才能充当这种权威的角色，这是由法律的基本特征以及与之相关的法治所决定的。正是在法律的道德权威性由共同善所决定这一点上，体现了菲尼斯对法律权威性的解释与以拉兹为代表的法实证主义的根本区别。

第四，在解释了法律的道德权威性之后，菲尼斯以守法公民实践推理的三段论为基本框架，解释了法律义务在效力上的不变性，并将法律义务区分为纯法律意义的法律义务与道德意义的法律义务，由此突出了自然法与法实证主义在具体的法律义务层面在公民的实践推理中的区别；在此基础上，通过突出法律的无缝隙性，解释了遵守法律的义务的必然性，由此突出了自然法与法实证主义在遵守法律的道德义务的层面上的基本区别。总之，通过强调（1）在与具体的法律义务有关的实践推理中道德意义的法律义务与纯法律意义的法律义务之间的必然联系、（2）存在遵守法律的道德义务，菲尼斯分别从微观和宏观两个层面澄清了道德与法律的必然联系，在反驳以哈特、拉兹为代表的法实证主义的同时，捍卫了新古典理论的基本立场。

综上所述，菲尼斯以价值客观主义为基本背景，提出了七项基本价值与实践合理性的十项基本要求，并以共同善的要求为核心论证了法律的道德权威性，由此在法律的权威性这一问题上捍卫了自然法的立场。最后，菲尼斯将其自然法理论归结到义务问题之上，通过分析守法主体实践推理三段论的内部结构与论证遵守法律的义务这一道德义务的存在，坚持了道德与法律的必然联系。

参考文献

1. ［英］约翰·奥斯丁：《法理学的范围》，刘星译，中国法制出版社，2002 年版。

2. Batnitzky, Leora, 'A Seamless Web – John Finnis and Joseph Raz on Practical Reason and the Obligation to Obey the Law', 15. *Oxford Journal of Legal Studies*, 1995, (15).

3. ［美］比克斯：《法理学：理论与语境》，邱昭继译，法律出版社 2008 年版。

4. ［美］博登海默：《法理学：法律哲学与法律方法》，邓正来译，中国政法大学出版社 1999 年版。

5. ［古希腊］柏拉图：《游叙弗伦 苏格拉底的申辩 克力同》，严群译，商务印书馆 1983 年版。

6. ［英］尼古拉斯·布宁、余纪元编著：《西方哲学英汉对照辞典》，人民出版社 2001 年版。

7. 陈景辉：《法律的界限：实证主义命题群之展开》，中国政法大学出版社 2007 年版。

8. Finnis, John, *Natural Law And Natural Rights*, Clarendon Press, 1980.

9. ——《自然法与自然权利》，董娇娇、杨奕、梁晓晖译，中国政法大学出版社 2005 年版。

10. ——*Fundamentals of Ethics*, Clarendon Press, 1983.

11. Finnis, John, ed., *Natural Law Volume I.* Dartmouth Publishing Company Limited, 1991.

12. Finnis, John, 'Natural Law: The Classical Tradition', in *The Oxford handbook of jurisprudence and philosophy of of law* (Jules Coleman & Scott Shapiro ed., Oxford University Press, 2002.).

13. —— 'Natural Law and the "Is" – "Ought" Question: an Invitation to

Professor Veatch', *Catholic Lawyer*, 1981, (26).

14. —— 'The Authority of Law in the Predicament of Contemporary Social Theory', 1 *Notre Dame Journal of Law, Ethics & Public Policy*, 1984.

15. —— 'The Basic Principles of Natural Law: A Reply to Ralph McInerny', *The Amrican Journal of Jurisprudence*, 1981, (26).

16. —— 'What Is the Common Good, and Why does it Concern the Client' s Lawyer?' *South Texas Law Review*, 1919, (40).

17. George, Robert P., 'Introduction' (Symposium on Natural Law And Natural Rights), *The Amrican Journal of Jurisprudence*, 2005, (50).

18. Grotius, Hugo, *On the Law of War and Peace*, trans. Francis W. Kelsey, the BOBBES - MERRILL company. inc, 1925.

19. [英] 哈特:《法理学与哲学论文集》, 支振锋译, 法律出版社2005年版。

20. [英] 哈特:《法律的概念》, 许家馨、李冠宜译, 法律出版社2006年版。

21. Hon, Tan Seow, 'Justification in Finnis' Natural Law Theory', *Singapore Journal of Legal Studies*, 2000.

21. [英] 霍布斯:《利维坦》, 黎思复、黎廷弼译, 商务印书馆1985年版。

23. 李秋零主编:《康德著作全集》(第4卷), 中国人民大学出版社2005年版。

24. [德] 阿图尔·考夫曼、温弗里德·哈斯默尔主编:《当代法哲学和法律理论导论》, 郑永流译, 法律出版社2002年版。

25. 柯恒:"自由依赖于法律——思想史考察: 从苏格拉底到康德", 郑永流主编:《法哲学与法社会学论丛》(六), 中国政法大学出版社2003年版。

26. [英] 约瑟夫·拉兹:《法律的权威》, 朱峰译, 法律出版社2005年版。

27. [英] 劳埃德:《法理学》, 许章润译, 法律出版社2007年版。

28. [美] 约翰·罗尔斯:《正义论》, 何怀宏、何包钢、廖申白译, 中国社会科学出版社1988年版。

29. O'Connell, Irene, 'Self - Evidence in Finnis' Natural Law Theory: A Reply to Sayers', *Australia Journal of Legal Philosophy*, 2000, (25).

30. Orrego, Cristobal, 'H. L. A. Hart's Understanding of Classical Natural Law Theory', *Oxford Journal of Legal Studies*, 2004, (24).
31. [澳大利亚] 约翰·L. 麦凯:《伦理学:发明对与错》,丁三东译,上海译文出版社 2007 年版。
32. McInerny, Ralph, 'The Principles of Natural Law', *The Amrican Journal of Jurisprudence*, 1980, (25).
33. [英] 戴维·米勒、韦农·波格丹诺主编:《布莱克维尔政治学百科全书》,邓正来主编(中译本),中国政法大学出版社 2002 年版。
34. [英] 巴里·尼古拉斯:《罗马法概论》,黄风译,法律出版社 2000 年版。
35. [美] 罗伯特·诺齐克:《无政府、国家与乌托邦》,何怀宏等译,中国社会科学出版社 1991 年版。
36. Raz, Joseph, *Practical Reason and Norms*, Oxford University Press, 1999.
37. ——*The Authority of Law*, Clarendon Press, 1979.
38. —— 'Kelsen's Theory of the Basic Norm', *The Amrican Journal of Jurisprudence*, 1974, (19).
39. Scavone, Robert M. 'Natural Law, Obligation and the Common Good: What Finnis Can't Tell Us', *U. Toronto Faculty of Law Review*, 1984, (43).
40. 舒国滢:"赫伯特·L. A. 哈特——一代法哲学大师的陨落",《比较法研究》,1996 年第 4 期。
41. 舒国滢:"在历史丛林里穿行的中国法理学",《政法论坛》,2005 年第 1 期。
42. 舒国滢:"走出概念的泥淖——'法理学'与'法哲学'之辨",《学术界》2001 年第 1 期。
43. [美] 列奥·斯特劳斯:《自然权利与历史》,彭刚译,三联书店 2003 年版。
44. Stone, Julius, *Human Law and Human Justice*, Stanford University Press, 1965.
45. 孙平华:"《世界人权宣言》两个中文本语言差异研究",徐显明主编:《人权研究》(第八卷),山东人民出版社 2009 年版。
46. Veatch, Henry, 'Natural Law and the "Is" – "Ought" Question', *Catholic Lawyer*, 1981, (26).

47. Wiggins, David, *Needs*, *Values*, *Truth*, Oxford: Basil Blackwell, 1987.
48. 吴一裕:《菲尼斯新自然法理论研究——自然法上“善”的追寻》,法律出版社2009年版。
49. [英] 休谟:《人性论》(下册),关文运译,商务印书馆1980年版。
50. 徐显明、齐延平:“转型期中国法理学的多维面向——以2007年发表的部分成果为分析对象”,《中国法学》,2008年第2期。
51. 许章润:“法律理性与人类正义——对于朱理思·斯通教授聘任案的社会—学术史分析”,《比较法研究》,2000年第3期。
52. 郑永流:“法哲学名词的产生及传播考略”,《中外法学》1999年第1期。
53. 郑永流:“法哲学是什么?”,郑永流主编:《法哲学与法社会学论丛》(一),中国政法大学出版社1998年版。

后　记

本书由我 2010 年向中国政法大学申请博士学位的同名论文修改而成。但事实上，所谓的修改，不过是形式上的文字校正而已；而更让我惭愧的是，即便是这种文字的校正，也拖延了五年才使本书得以出版。时间上的拖延与我对菲尼斯自然法理论的研究进程有关，本书的出版与我的工作经历有关。

一

1999 年，我开始法大求学生涯后不久，很快就对自然法产生了兴趣。在本科期间，也曾偶有文字略表心迹。然而，业余爱好终难抵挡现实选择。2003 年，我本科毕业，正临何去何从之际，与时为法大校长的徐显明教授的一次偶遇，让我再度思考我的人生。在那个烈日炎炎的盛夏，徐校长拍着我的肩膀，鼓励我要坚定意志、矢志向学。当时，我们绝然未曾想到——四年之后，我会成为他的学生。

2007 年，我攻读博士学位以后，徐老师在精神上巨大的鼓励、学术上不懈的点拨与物质上温暖的关照，使我得以安然度过三年的研习之旅。感谢徐老师。

感谢舒国滢教授和郑永流教授。作为法大法理学的掌旗人，他们潇洒的学术风度、严谨的德式思维，让我多年来获益匪浅、深深影响了我的心灵。

感谢齐延平教授。他在生活中对我宽容以待，在学术上对我严格要求。每一次见到他，我都深感博士论文写作的动力。

感谢潘汉典教授、单纯教授、李德顺教授、刘斌教授、葛洪义教授和廖美珍教授。作为法大法理学专业博士生导师，他们对我的启发让我铭记于心。

感谢龙卫球教授。从我的本科时代开始，他一直关爱我的成长。他的提携与支持，是我不断进步的重要动力。

感谢高全喜教授、许章润教授、高鸿钧教授。他们对我的鼓励与鞭策使我得以在求学期间不断扩大自己的知识地图。

感谢陈景辉副教授。在我博士论文写作期间，他与我多次讨论，对我循循善诱，并随时向我提供富有价值的参考资料，供我急需。

我深深缅怀我的硕导程春明先生。他在我法大十一年意志最脆弱、内心最浮躁的时期一直鼓励着我坚持理想、不懈前行，在我的生活中留下了永不磨灭的印迹。

二

2010 年，告别法大以后，我进入中国社会科学院法学研究所博士后流动站。在 2010 年至 2012 年间，尽管我的研究重点有所转移，但这却大大提升了我的研究能力。从 2009 年开始通邮件，我的博士后合作导师李林研究员在逐步引导我了解法学所这一在中国法学界享有特殊地位的国家级法学研究机构的同时，也为我开启了法学研究的又一扇窗口。此前，我的研习存在偏重理论研究、忽视实践的特点，而李老师的指导则使我重新反思法学研究的基本意义。感谢李老师。

博士后研究期间，我先后幸遇两位良师——冀祥德研究员和徐炳研究员。冀老师对人的赤诚相待、对法学教育的执着情怀令我感动。徐老师丰富的人生阅历、仗义的古道侠肠让我温暖。

2012 年，博士后出站后，在中国社会科学院国际法研究所、法学研究所两所领导陈甦书记、陈泽宪所长、李林所长、穆林霞副所长和冀祥德研究员、徐炳研究员的大力支持下，我得以进入国际法研究所工作，使我能尽快接续对菲尼斯自然法理论的研究。感谢他们为我解除了后顾之忧。

感谢刘作翔研究员和周汉华研究员的热心推荐，使本书得以顺利出版。

感谢中国社会科学院创新工程学术出版资助项目。

2012 年以来，我的研究工作受到了法学研究所、国际法研究所诸多前辈、同行的关心与支持，感谢他们。

三

一直以来，我受到了众多师兄师姐的亲切照顾。感谢他们，尤其是李秀群师兄、柯恒师兄、韩阳师姐、杨贝师姐、蔡松师兄、张宇师兄。

千禧之年，我寂寞的精神苦旅因为加入法大学生社团法律评论社、认识一群志同道合并让我终生引以为豪的兄弟而结束，他们使法大赋予了我精神的生命。感谢他们，尤其是翟志勇、泮伟江、郭锐、周林刚、任华敏、梁笑准、王旭、朱虎、张力。

蓟门六年，各位同窗通过交流对我助益良多。感谢他们，尤其是我的博士同学张书友、马驰、雷磊、杜平、戴一飞和我的硕士同学陈文炯、朱朝锋、吴洪淇。

感谢张青波师兄、邱昭继师兄、郑玉双师弟对我的博士论文所作的精彩评议。

感谢郑飞师弟、孙建林师弟对我的博士论文所作的认真校对。

感谢本书责任编辑顾洁女士的辛勤工作。

1999 年，当我在母亲黄武瑜女士的护送下，拿着老父田中稻先生送给我的《法学基础理论》一书踏上赴京之路时，我与他们都不曾料到，我会与这本书的主题终生相伴。但是，作为一名中共地下党员和基层法律工作者，父亲对事业的无限忠诚教会了我对法治的坚定信仰；作为一名平凡的小学语文教师，母亲对学生的严格要求与细致关爱教会了我对人世的脉脉温情。感谢我的父母。

最后，向多年来无论欢乐、还是苦痛，均与我共同分担的爱妻徐丽丽博士致以久违的歉意与谢意。

田夫

2015 年 4 月